南昌行營
政治工作報告
（二）

Generalissimo's Nanchang Field Headquarter

Political Reports

Section II

目錄

國民政府軍事委員會委員長南昌行營處理勦匪省份政治工作報告

導讀

蘇聖雄
中央研究院近代史研究所助研究員

　　一

　　南昌行營，以蔣介石發動新生活運動的發起地為人所知，1934 年 2 月19 日，蔣介石在南昌行營擴大紀念週上發表〈新生活運動之要義〉之演講，新生活運動正式揭開序幕。此外，南昌行營作為國民政府對中國共產黨進行大規模圍剿的總司令部，亦廣為人知。

　　南昌行營是怎麼樣的組織？論其源流，可從古代中國說起。中國幅員廣闊，對地方事務，中央時有鞭長莫及之感，故常派遣人員至地方巡查，或於地方設置機關監督管理。以唐代制度而言，全國區分十道，派觀察使監察州縣地方政府，實際上長駐地方，成為地方更高一級之長官。此種監察使若為巡視邊疆，於邊防重地停駐下來，中央對地方事務得隨宜應付，臨時全權支配，稱為節度使，指揮軍事，管理財政，甚至掌握地區用人大權。始於元代的行省制度，亦本中央擴權延伸之旨，時中央有中書省之機關，即中央的宰相府，「行省」即「行中書省」，中央派出機構駐紮在外，藉以軍事控制、集權中央，乃至清代之總督巡撫，亦類於此，初設

乃為臨時掌管軍事，其後常川駐紮地方。[1]

行營為中央力量向地方擴張的一種組織，偏重軍事層面。「行營」一辭於中國歷史中，泛指某軍事長官出征到外地臨時組建之軍營，為軍事長官之駐地辦事處。[2]「行營」之制度化，最早在唐代安史之亂以後。安史亂前，雖已有行營，但尚未普遍化形成制度，如唐玄宗天寶六年（747）「特敕仙芝以馬步萬人為行營節度使往討之」，此處之「行營節度使」為玄宗「特敕」成立，說明派軍出征而稱行營，為特殊情況之權宜辦法。安史之亂以後，唐肅宗乾元元年（758），任命李嗣業為鎮西、北庭行營節度使屯河內，「行營」節度使成為一種制度，為相對「本鎮」之軍事機關，[3]此後歷代沿用，不過各朝之行營性質續有變動。[4]

清末以降，地方主義興起，[5]及至民國初年各軍系

1　錢穆，《中國歷代政治得失》（臺北：東大圖書公司，2001），頁 54-56、130-133。

2　三民書局出版的《大辭典》「行營」係有四義，一為奔走營求，二為巡視軍營，三為出征時的軍營，四為軍事長官駐地辦事處。參見三民書局辭典編纂委員會編，《大辭典》，冊 3（臺北：三民書局，1985），頁 4279。中國文化大學出版的《中文大辭典》「行營」係亦有四義，一為唐代節度使之軍營，二為出征時之軍營，三為營治，四為出兵。參見張其昀監修，《中文大辭典》（臺北：中國文化大學出版部，1993九版），頁 559。

3　張國剛，〈唐代藩鎮行營制度〉，《唐代政治制度研究論集》（臺北：文津出版社，1994），頁 175-196；孟彥弘，〈論唐代軍隊的地方化〉，《中國社會科學院歷史研究所學刊》，輯 1（2001年 10月），頁 264-291。

4　五代、宋代之行營，可參見翁建道，〈五代行營初探〉，《高應科大人文社會科學學報》，期 5（2008年 7月），頁 63-83；翁建道，〈宋真宗咸平時期鎮定高陽關行營之建立〉，《史學彙刊》，期 29（2012年 6月），頁 59、61-93。

5　胡春惠，《民初的地方主義與聯省自治》（北京：中國社會科學

割據，地方分權力量甚大，故中華民國中央政府建立以後，對地方之掌控特別留意。「行營」這樣的組織，便是中央政府對地方控制的一環，同時也具有軍事長官駐地辦事處之意義，如1923年初時為陸海軍大元帥的孫文，設陸海軍大元帥大本營，曾任蔣介石為大元帥行營參謀長。[6]

二

國民政府設立行營此一機關，最初在北伐途中，設有「國民革命軍總司令行營」，為行營制度化之始，有印信及專屬用牋。[7]由於蔣介石擔任國民革命軍總司令，該行營可視為蔣介石之行營。

國民革命軍北伐之後，軍事委員會、國民革命軍總司令部相繼撤銷，國民革命軍總司令行營隨之結束。1929年初，桂軍反抗中央，內戰爆發，4月，時任國民政府主席的蔣介石，根據〈中華民國國民政府組織法〉第一章第三條規定「國民政府統帥海陸空軍」，遂以國民政府主席之名義，組織陸海空軍總司令部，親兼總司令，同時為便於指揮作戰，貫徹軍事作戰命令，於全國各要地成立「陸海空軍總司令行營」，[8]作為總司令部

出版社，2011），頁1-13。

6 「孫中山手令特任蔣中正為大元帥行營參謀長」（1923年6月16日），〈蔣中正書法（影本）〉，籌筆，《蔣中正總統文物》，國史館藏，典藏號：002-011100-00001-095；郭廷以，《中華民國史事日誌》（臺北：中央研究院近代史研究所，1979），冊1，1923年6月16日條，頁730。

7 現藏於國防部國軍歷史文物館。

8 其印信現藏於國史館。

的派出指揮機關，行營益為制度化。[9]

陸海空軍總司令各行營設主任一員，由資歷深且具有相當指揮作戰能力的將領擔任。自1929年至1931年底，陸海空軍總司令部在全國計組建北平、武漢、廣東、洛陽、徐州、潼關、鄭州、南昌等行營。九一八事變後，蔣預備下野，陸海空軍總司令部進行組織調整，各總司令行營撤銷，改為各綏靖公署，總司令行營於焉結束。[10]

1932年初，蔣介石復出擔任軍事委員會委員長，於1933年2月7日開始籌設「軍事委員會委員長南昌行營」。1933年5月21日，軍事委員會委員長南昌行營成立，以熊式輝為行營主任，此為蔣介石身為委員長的行營，[11] 即本史料系列所指稱之對象。

依據〈軍事委員會委員長南昌行營組織大綱〉（1933年6月24日頒布），第一條：「軍事委員會委員長為處理贛、粵、閩、湘、鄂五省剿匪軍事及監督指揮剿匪區內各省黨政事務之便利起見，特設南昌行營」，[12] 可見該機關不但管轄範圍廣闊，所轄事務並不限於軍事，而及於各省黨政諸事務。事實上，其實際權

9　戚厚杰、劉順發、王楠編，《國民革命軍沿革實錄》（石家莊：河北人民出版社，2001），頁123。

10　張皓，〈形形色色的國民黨行營〉，《黨史博覽》，1995年第2期，頁46；戚厚杰、劉順發、王楠編，《國民革命軍沿革實錄》，頁123-124、140-141。

11　蘇聖雄，〈國史館數位檔案檢索系統之運用——以「行營」研究為例〉，《國史研究通訊》，期2（2012年6月），頁199。

12　蔡鴻源主編，《民國法規集成》，冊33（合肥：黃山書社，1999），頁398-399。

力不僅止法條規範，據當時擔任南昌行營審核處秘書的
謝藻生指出，南昌行營管轄範圍為江西、福建、浙江、
湖南、湖北、安徽、河南、江蘇、山東、陝西十個省及
上海、南京、漢口三個特別市，以及軍事委員會所屬的
軍政部、參謀本部，受管轄單位每月必須將人事、經費
送行營審核，為全國最龐大之軍事機構。[13] 又據親汪兆
銘的中國國民黨高層陳公博回憶：「蔣先生（蔣介石）
又以剿匪為名，請求中央把剿匪區域都劃給行營（南昌
行營），無論軍事、財政、司法，以及地方行政，一
概由行營辦理，因此行政院更是花落空庭，草長深院
了……行政院簡直是委員長行營的秘書處，不，秘書處
也夠不上，是秘書處中一個尋常的文書股罷了。」[14] 這
些回憶或有誇張之處，但南昌行營在當時的重要性，確
是不容輕忽。

　　南昌行營經過一年多的運行，達成其設置目的，
其監督指揮對中國共產黨之第五次圍剿，迫使共軍於
1934 年底退出贛南根據地，往西南「長征」。國民政
府隨即於 12 月組織「軍事委員會委員長行營參謀團」
入川，運籌、指導、督察四川剿共各軍之作戰，以原南
昌行營第一廳廳長的賀國光出任參謀團主任，可說是南
昌行營的延伸。[15]

13 謝藻生，〈我所知道的南昌行營〉，《世紀行》，1995 年第 1 期，
　　頁 36。

14 汪瑞炯、李鍔、趙令揚編註，《苦笑錄：陳公博回憶（1925-
　　1936）》（香港：香港大學亞洲研究中心，1979），頁 329。

15 〈軍事委員會公布委員長行營參謀團組織大綱訓令〉（1934 年
　　12 月 23 日），收入中國第二歷史檔案館編，《中華民國史檔

　　1935 年初，江西共區經次第克復，南昌行營於1月底結束。有鑑於南昌行營之成功，蔣介石擴大運用行營制度，先將行營從南昌移駐武昌，後移四川，初未冠上駐地名稱，皆稱「軍事委員會委員長行營」，[16]1936 年兩廣事變結束後，建立廣州行營，始冠上駐地名稱。[17] 1937 年全面抗戰爆發後，行營制度賡續推廣。戰後 1946 年 5 月，隨著軍事委員會取消改設國防部，軍事委員會委員長各行營改制為國民政府主席各行轅，[18] 其下設若干「綏靖公署」，統一指揮對共產黨的軍事行動，及綜整管轄區域之民政。[19] 1948 年 5 月 19日，蔣介石即將就任中華民國總統，國民政府主席一職撤銷，各地行轅復改為綏靖公署或歸併入各地剿匪總司令部，[20] 至是行營（行轅）之設置歷史全部結束。

三

　　本系列係國民政府行營設置史上最重要的南昌行營之史料彙編，這一集收錄「國民政府軍事委員會委員長

　　案資料匯編》，輯 5 編 1：軍事 1（南京：江蘇古籍出版社，1991），頁 28-33；《中央日報》（南京），1934 年 12 月 30 日，第 1 張第 2 版。

16 駐地重慶之行營，以賀國光為行營主任，正式稱呼未冠上駐地名稱，然一般仍習稱為「重慶行營」。

17 「軍事委員會委員長廣州行營電國民政府」（1936 年 10 月 4 日），〈軍事委員會各行營行轅官員任免（一）〉，《國民政府檔案》，國史館藏，典藏號：001-032107-0040。

18 當時國民政府主席即蔣介石。

19 劉國新主編，《中國政治制度辭典》（北京：中國社會出版社，1990），頁 387、391。

20 張憲文、方慶秋、黃美真主編，《中華民國史大辭典》（南京：江蘇古籍出版社，2002），頁 727-728。

南昌行營處理勦匪省份政治工作報告」（以下簡稱「政
治工作報告」），計有二冊。

「政治工作報告」是南昌行營處理剿共省份政治工
作的報告，南昌行營第二廳所編，出版於 1934 年。南
昌行營雖屬軍事委員會，是個軍事機構，但正如其組織
大綱所示，所轄不限於軍事，而及於各省黨政諸事務。
蔣介石在數次圍剿共軍過程體認到單純以軍事力量無法
剿滅共軍，必須配合政治工作，爭取民心，力求整飭
剿共區域之政治措施，其作為便體現在「政治工作報
告」。一般認為國民政府不重視基層社會，遂為中國共
產黨所乘，其實蔣介石在南昌行營秘書長楊永泰的輔佐
之下，對這些政治工作皆有措意，即當時基本方針「三
分軍事，七分政治」之所由。

「政治工作報告」之內容大要，關於地方行政制度
有省府合署辦公辦法之釐訂、各省保安制度之改進、專
員制度之推廣與改善；關於民政有倡導自衛、整理積
穀；關於財政有確定預算；關於教育有創辦特種教育；
關於建設則督修公路，防止工潮，預防水旱災荒；關於
農村善後事項有推行農村合作，救濟農村金融，處理農
村土地，籌辦農村復興等。

「政治工作報告」之內容，有益讀者加深對南昌行
營之認識，就考察民國中央與地方之關係、國民政府對
基層的控制，乃至國民政府如何建構現代國家等種種課
題，相信亦有一定助益。川籍要員周開慶，晚年曾對行
營之重要性謂：

國民政府北伐成功，統一全國後，在中央與各省地
方間，常有一種中間性的軍政組織，承上轉下，
秉承中央政府的命令，督導轄區三數省份的軍政建
設工作。這種組織有時叫行營，有時叫行轅……在
過去軍政措施上收到不少的效果；以我國幅員廣
大……仍有採行的必要。研究以往的軍政體制，
我以為這種組織是最值得注意的。政府機關如國防
部、三軍大學、或國防研究院，應該指定專人，從
事蒐輯資料，作有系統的研究。研究我國現代軍政
制度的專家學者，拿這種組織作一個專題來研討，
也是很有意義的。[21]

對於加深行營研究，周開慶 50 年前已有倡議，惟
至今相關研究仍舊鮮少。民國歷史文化學社編輯部察知
行營重要性，先從最關鍵的南昌行營史料展開出版工
作，價值可觀，其意深遠，讀者讀之當可體會。

---

21 周開慶，〈重慶行營史話〉，《暢流》，46：11（1973年1月），
　 頁 8。

編輯凡例

一、本套書共二冊，收錄「國民政府軍事委員會委員長南昌行營處理勦匪省份政治工作報告」，依原文錄入。

二、標示【　】者，為本社編輯部之編註。

三、原稿已有標點者予以保留，若無則加具標點。

四、錯字、漏字、贅字等均不予更動，異體字、俗寫字、通同字等一律改為現行字，無法辨識文字，以■表示。

五、本書史料內容，為保留原樣，維持原「匪」、「偽」等用語。

六、本書改直排文字為橫排，內容之如右（即如前）、如左（即如後）等文字皆不予更動。

七、部分附件因原稿即缺，故無法排印。

國民政府軍事委員會委員長
南昌行營處理勦匪省份政治
工作報告

第九　關於農村善後事項

甲、推行農村合作

往歲在鄂督剿，深維赤燄之所以得侵入農村，肆其鼓煽者，蓋由我國農村近百年來，積受外鑠內潰之各種因素，日趨崩解，赤匪遂得蹈瑕乘隙，施其欺騙鼓惑之慣技，誘之以邪說，脅之以暴力，致彼蚩蚩之氓，相與囂然盲從，衍成此局，良用慨然！今於匪區次第收復之際，籌維善後工作，自以興復農村，發展農業，為當前之急務。然苟非農村自身之組織健全，則一切利農政策，均無從期其接受；而欲健全農村之組織，適應時代之需要，則捨採用合作制度而外，固亦別無他途，爰有剿匪區內各省農合作社條例及信用、利用、供給、運銷四種合作社模範章程之頒行。茲將年來推行情形，析述於左：

一　主辦機關之組設

查依剿區內各省農村合作社條例規定，各省應設立農村合作委員會，主辦全省合作事業。除贛省已於二十一年三月成立外，餘均延未設立，爰於本年先後制定剿匪區內各省農村合作委員會組織規程暨辦事通則，連同剿匪區內各省農村合作社條例施行細則，頒佈施行，俾有遵循，而資促進；並由本行營選派委員，飭即遵章組設。豫省合委會旋於本年四月，鄂省於三月，皖省於四月，先後呈報成立；贛省亦遴員飭令遵章改組。一面將豫鄂皖贛四省農村合作指導員訓練所畢業學員

三百四十七人，按其省籍，分發各該省合委會登記任
用。分期指定試辦縣份，即就前項學員選派為農村合
作指導員，前往組設辦事處，依照省合委會核訂推行
計劃辦理。

剿匪區內各省農村合作委員會組織規程

　　　　　　　　　　　　　二十三年一月九日令頒

第一條　　本規則依據剿匪區內各省農村合作社條例
　　　　　　第八條之規定訂定之。

第二條　　剿匪區內，各省省政府，為推進全省農村
　　　　　　合作事業起見，設立農村合作委員會，為
　　　　　　全省農村合作事業之主管機關。

第三條　　本委員會，受國民政府軍事委員會委員長
　　　　　　南昌行營（以下簡稱行營）暨本省省政府
　　　　　　之指揮監督，辦理本省農村合作事務，其
　　　　　　職掌如左：
　　　　　　一、規劃農村合作之行政方針。
　　　　　　二、指導農民進行合作事業。
　　　　　　三、 指揮監督各縣主管機關實施合作行政。
　　　　　　四、籌措及調劑農村合作事業之資金。

第四條　　本委員會，設委員三人至五人，由南昌行
　　　　　　營，就左列各項人員中分別選派，並指定
　　　　　　一人為委員長。
　　　　　　一、各省省政府及省黨部委員。
　　　　　　二、各省農民銀行經理。
　　　　　　三、具有合作學識，及辦理合作事業，在

　　　　　　　　三年以上富有經驗者。

第五條　　本委員會，設總幹事一人，秉承委員長，指揮所屬職員，辦理會內一切事務，由南昌行營就本委員會委員中指定一人擔任之。

第六條　　本委員會，設幹事九人至十二人，除掌理指導、登記、貸放，三種事務者，得依會務發展，每種至多可設幹事二人外，其他掌理文牘、編輯、統計、會計、庶務、收發，各種事務。皆各以幹事一人為限，或一人兼管數事，應斟酌會務情形定之。

第七條　　本委員會，依推行農村合作縣區之多寡，得設視察員一人至四人，輪流分赴各縣，視察合作社狀況，並督察工作人員之成績。

　　　　　　在推行農村合作已達三十縣，且登記成立各種合作社，已達五百社以上之省份，為加緊視察工作起見，得設總視察一員，協助總幹事，審閱各種報告書表，並巡視各地考核工作，由南昌行營就本委員會委員中，指定一人擔任之。

第八條　　本委員會，按照推行農村合作縣份，每縣得派遣指導員四人，並指定一人為主任，指導員設立縣辦事處，但遇各該縣合作事業發展，原派指導人員確不敷用時，得呈請行營核准，每縣酌派助理員協助之。

第九條　　本委員會，遇必要時，得設設計專員一人，農業技師，及會計師各若干人，分任

本省合作設計，及改良農業技術暨辦理合作社清算事宜。

第十條　　本委員會，每四月舉行常會一次，由委員長任主席，必要時得由委員二人以上之署名，請委員長召集臨時會議。

第十一條　本委員會委員，均為義務職，不支給伕馬費。

第十二條　本委員會經費，由本省省庫開支，其預算由省政府轉呈南昌行營核定之。

第十三條　凡關於本省合作社貸款，由本省農民銀行，或各縣農民金融機關，直接或間接貨放，其放款規則另定之。

第十四條　本委員會，每月編製工作，及會計報告，每年編造事業，及會計總報告，呈送行營審核，並本省省政府備案。

第十五條　本委員會，各種規則另定之。

第十六條　本規程如有未盡事宜，得隨時呈請行營修改之。

第十七條　本規程自軍事委員會委員長南昌行營公佈之日施行。

剿匪區內各省農村合作委員會辦事通則

二十三年七月十日公布

第一條　　剿匪區內各省農村合作委員會（以下簡稱合作委員會）辦事程序，悉依本通則之規定。

第二條　　合作委員會委員長綜理本會一切事務。

第三條　　　合作委員會總幹事，秉承委員長之命，辦
理本會一切事務。

第四條　　　合作委員會如設有總視察，應秉承委員長之
命，協助總幹事審閱合作社各種書表及指導
員視察之報告，並巡視各地考核工作。

第五條　　　合作委員會幹事，受委員長及總幹事或總
視察之指揮監督，分掌本會各項事務，其
職掌如左：

　　　　　　一、文牘幹事，掌理關於撰擬文稿，典守印
信，宣達命令，編擬議程，會議記錄，
檔案保管，本會及各縣辦事處職員之任
免獎懲，及不屬其他各幹事事項；

　　　　　　二、編輯幹事，掌理關於本會各種刊物及
工作報告之編審事項；

　　　　　　三、指導幹事，掌理關於各縣指導員工作
計劃大綱之撥定，各縣指導員各種報
告之審核，每週應注意事項之編擬，
及本會各種章則之解釋事項；

　　　　　　四、登記幹事，掌理關于各縣合作社之各
種登記事項，及各縣指導員日報表月
報表，視察員報告表，農村狀況調查
等之記載事項；

　　　　　　五、貸放幹事，掌理關於各縣合作社借款
申請書及借款合同之審核，到期借款
之通知，借款利息之核算事項；

　　　　　　六、會計幹事，掌理關於本會及各縣辦事

處預算決算之編製及審核事項；

七、 出納幹事，掌理關於於本會款項之出
納及保管事項；

八、 庶務幹事，掌理關於本會購置，修
繕，公物保管，清潔衛生，典禮或會
議之籌備，及工役之管束事項。

九、 收發幹事，掌理關於本會文件收發
事項；

十、 統計幹事，掌理關於本會各種統計圖
表之繪製及材料之搜集事項。

第六條　　合作委員會視察員，受委員長總幹事及總視
察之指揮監督，掌理關於視察各縣合作社狀
況，及考察各縣工作人員之成績事項。

第七條　　合作委員會如設有設計專員，應受委員長之
命，商承總幹事或總視察，掌理關於本會一
切設計事項。

第八條　　合作委員會如設有農業技師，應受委員長之
命，商承總幹事或總視察，掌理關於各縣合
作社農業改良事項。

第九條　　合作委員會如設有會計師，應受委員長之
命，商承總幹事或總視察，掌理關於各合作
社之清算及其他特交賬目之稽核事項。

第十條　　合作委員會書記，辦理繕寫校對譯電及臨時
指派事項；
合作委員會得設書記領班一人，指揮書記辦
理前項事務。

第十一條　合作委員會委員長因事請假時其職務由總幹事代理，總幹事請假時其職務由總視察代理；

幹事因事請假時其職務須請託其他職員代理。

第十二條　合作委員會收到文件，應由收發幹事於收文簿內，記明日期附件，摘由編號，並填寫號碼。

第十三條　收發幹事，不得經收銀錢。如文內附有銀錢者，應令投文人直接向出納幹事點交清楚。由出納幹事於文內註明照數收訖字樣，加蓋名章，經收發幹事驗明無訛，方能照收。

第十四條　凡到會文件由收發幹事彙呈總幹事加蓋急要、次要、常件、密件等戳記分別批交各幹事承辦，但遇重要事件須經總幹事轉呈委員長批閱後再行交辦。

第十五條　凡到文經批交各幹事承辦各承辦人應隨時簽擬辦法，送呈總幹事或總視察核閱。

第十六條　總幹事對於簽擬辦法，如可決定者，應即發交承辦人擬稿；如不能決定者應加具意見，轉請委員長核示。

第十七條　承辦人將稿件擬就後，即送呈總幹事或總視察核閱，轉呈委員長判行。但關於各縣指導員辦事處之例行稿件，及指示工作事項，得由總幹事核定，先行繕發，補請委員長判行。

第十八條　凡稿件經判行後發交繕校室繕正。文件繕正後，應由書記領班詳加校對，加蓋校對員戳記，送交文牘幹事蓋印。

第十九條　文牘幹事驗明文稿相符，應即蓋印，並加蓋監印員戳記，送交收發幹事封發。如係呈文，應送呈委員長署名蓋章後再送收發室封發。

第二十條　收發幹事收到文稿後，應分別文別，於發文簿內摘錄事由，編列號數，記明日期或附件。共將正本及稿件填明日期號數，正本封固發出，稿件交文牘幹事歸檔。

第廿一條　文牘幹事應將稿件及到文分別種類，設立專卷，以便易於調取，並記入文件編存簿，以便考查。

第廿二條　凡承辦稿件，應隨到隨辦，不得延擱。速要者應提前辦理，其須緩辦者，應將理由向總幹事陳明。

第廿三條　凡緊急文件，立待發出者，承辦人或繕寫書記，非俟辦理完畢，不得散儲。

第廿四條　擬稿及核稿人員，均須於稿冊簽名或蓋章，並註明日期，如稿中添註塗改有關重要者，應加蓋名章。

第廿五條　公文內關于款項數目及物品數量，承辦人應負核算清查之責。

第廿六條　凡動支款項未經委員長或總幹事核准，出納幹事不得支付。

第廿七條　凡文件應行公佈者，須經總幹事加蓋登報戳
　　　　　記後，方可抄送本會刊物，或送登各報。

第廿八條　凡未經公佈文件，本會人員不得洩漏，違者
　　　　　嚴行究辦。

第廿九條　合作委員會辦公時間，除星期及各種紀念日
　　　　　照例休假外，每日定為八小時，其起止時
　　　　　間，由總幹事擬定，呈准委員長公佈之。

第三十條　合作委員會應設置考勤簿，各職員須按照
　　　　　規定時間，親自簽到簽退，逐日由總幹事
　　　　　核閱。

第卅一條　各職員在辦公時間內，不得接見賓客，但因
　　　　　公接洽者，不在此限。

第卅二條　合作委員會由總幹事每日派幹事及書記各
　　　　　一人輪流值日，其超出時間，由總幹事規
　　　　　定之。

第卅三條　值日人員接到緊急文電，應立即報告總幹事
　　　　　核示。

第卅四條　合作委員會於不抵觸本通則範圍內，得自定
　　　　　辦事細則。

第卅五條　本通則如有未盡事宜，得由合作委員會呈請
　　　　　本行營修正之。

第卅六條　本通則自本行營公佈之日施行。

剿匪區內各省農村合作社條例施行細則

　　　　　　　　　　　　　　二十三年八月五月公佈

第一條　　本細則依據剿匪區內各省農村合作社條例第

八十八條制定之。

第二條　合作社同縣主管官署呈請許可設立時，應附呈該社章程暨設立報告表各一份備核。（附式一至二）

第三條　縣主管官署收受合作社設立人之請求許可設立書後，應即派員調查具報，於七日內核定准駁，以書面通知設立人；並應按月將設立報告表裝訂成冊。

第四條　縣主管官署公布合作社許可設立時，應即填發合作社設立許可證書。（附式三）

第五條　合作社設立許可證書，應由省農村合作委員會製定分發各縣主管官署填用。

第六條　合作社設立人取得許可證書後，逾一個月不為成立登記時，縣主管官署應以書面警告設立人，並續予展限一個月為成立之登記。

第七條　合作社如逾前條期限，又無特別理由，仍不為成立之登記者，其設立許可，應由縣主管官署公佈無效；並於該社設立報告及備考欄內註明其公布無效之年月日。

第八條　縣主管官署應按月將許可設立之合作社列表彙報省農村合作委員會備查。（附式四）

第九條　合作社向縣主管官署呈請為成立之登記時，仍應附呈該社章程並成立報告表暨社員一覽表各二份，均以一份存縣主管官署，一份由縣主管官署轉呈省農村合作委員會。（附式五至七）

前項附呈書表，如已有區縣省合作社聯合會時，應於核准登記後，由縣主管官署分別轉送一份。

第十條　　　縣主管官署收受合作社之請求成立登記書後，應即派員調查具報，並填製農村調查表及區域略圖，於七日內呈請省農村合作委員會核示。（附式八至九）

第十一條　　省農村合作委員會收到縣主管官署轉呈合作社之請求成立登記書後，應於三日內核定准駁，指令縣主管官署轉知該社。並應登入合作社總登記簿，分縣登記簿及分類登記簿，縣主管官署亦應於該社設立報告表備考內，註明其登記之年月日及社號。（附式十至十二）

第十二條　　省農村合作委員會核准合作社成立登記時，應按各縣社號填發合作社成立登記證書，並刊發圖記長戳應用。其刊製工本，由合作社繳納。（附式十三）

合作社圖記，用篆文木質，長方形，長六公分，寬四公分，邊寬五公厘。長戳用仿宋文，長條形，長十公分，寬二公分。

第十三條　　合作社經核准成立登記後，應將社章正式加蓋圖記，及理監事名章，連同圖戳印模及職員印鑑呈由縣主管官署轉報省農村合作委員會備案。（附式十四至十六）

第十四條　　省農村合作委員會應按月將成立登記之合

作社列表彙報上級主管官署備查。（附式
十七）

第十五條　合作社相互合併時，應呈由縣主管官署轉請
省農村合作委員會核准，並按其合併後情
形，依照條例分別為變更或解散及成立之
登記。

第十六條　合作社向縣主管官署呈請變更登記時，應附
呈變更報告表二份，一份存縣主管官署，一
份由縣主管官署轉呈省農村合作委員會。
（附式十八至十九）

前項變更登記，如係變更合作社之性質者，
應先行結算，作成財產目錄及資產負債表，
連同新社成立報告表呈核。

第十七條　縣主管官署收受合作社之請求變更或解散登
記書後，應即派員調查具報，於七日內呈請
農村合作委員會核示。

第十八條　省農村合作委員會收到縣主管官署轉呈合作
社請求變更或解散登記書後，應於三日內核
定准駁，指令縣主管官署轉知該社；並應登
入合作社總登記簿，分縣登記簿及分類登記
簿。縣主管官署亦應於該社設立報告表備考
欄內，註明其變更或解散之年月日及事由。

第十九條　合作社清算人向縣主管官署呈報就職時，應
附呈該社清算人一覽表二份；呈報清算事務
終了時，應附呈該社清算事務終了報告表，
清算債權債務清單各二份；均以一份存縣主

　　　　　　　管官署，一份由縣主管官署轉呈省農村合作
　　　　　　　委員會。（附式二十至二十五）

第二十條　　縣主管官署收受合作社清算人就職及清算事
　　　　　　　務終了呈報書後，應即派員調查具報，於七
　　　　　　　日內轉呈省農村合作委員會核示。

第廿一條　　省農村合作委員會收到縣主管官署轉呈之合
　　　　　　　作社清算人就職及清算事務終了報告表後，
　　　　　　　應於三日內核定准駁，指令縣主管官署轉知
　　　　　　　該社；並應登入合作社分類登記簿。縣主管
　　　　　　　官署亦應於該社設立報告表備考欄內註明其
　　　　　　　清算之年月日及事由。

第廿二條　　省農村合作委員會應按月將變更解散及清算
　　　　　　　之合作社列表彙報上級主管官署備查。如已
　　　　　　　成立區縣省聯合會時，並應隨時轉知各該聯
　　　　　　　合會。（附式二十六）

第廿三條　　合作社各種登記簿冊，應于冊內附列經管人
　　　　　　　員一覽表，註明各登記人員姓名及掌管年月
　　　　　　　日；並簽名蓋章，以備稽考。

第廿四條　　合作社各種登記簿冊不得塗改挖補，如有塗
　　　　　　　改添註時，應由登記人員於塗改添註處加蓋
　　　　　　　私章證明。

第廿五條　　合作社之關係人，得向主管官署請求閱覽合
　　　　　　　作社之登記簿冊；如關係人請求抄發合作社
　　　　　　　之登記文件時，每百字應繳手續費一角。不
　　　　　　　足百字者，仍按百字計算。

第廿六條　　縣主管官署關於合作社之登記及監督事

宜，得委託各該縣農村合作指導員辦事處辦理之。

第廿七條　合作社章程，應依豫鄂皖三省剿匪總司令部所頒佈之剿匪區內各省農村合作社條例及四種模範章程分別擬訂，但各社業務，得視實際需要及舉辦能力，酌量規定，不必舉行列入。

第廿八條　合作社名稱，應一律稱為「縣　村　責任合作」。其村名應與事務所所在地名相同，必要時，亦得以鄉鎮為單位。

第廿九條　條例第六條減免合作社各項稅捐之規定，得由省主管官署或聯合會代為呈請之。

第三十條　條例第十八條第一項第一款之規定，非因負召集社員大會流會，或不得已時，不得以書面徵求同意。

第卅一條　條例第二十九條規定之社股金額，得由社章在規定範圍內，自由確定；但每股至少二元，至多不過二十元。

第卅二條　條例第四十一條規定之選舉，以得票最多數者為當選，票數相同時，以抽籤法定之。被選職員，應於就職時宣誓。（附式二十七）

第卅三條　合作社第一屆理事，如為五人時，任期一年者二人，任期二年者二人，任期三年者一人；如為七人時，任期一年者三人，任期二年者二人，任期三年者二人，均於當選時以抽籤法定之，以後遞行依章改選。

第卅四條　合作社職員，除選任者外，如因事辭職，得
　　　　　由社員大會議決照准，並補選之，但以補足
　　　　　前任之任期為止。

第卅五條　合作社社員大會，應於每年度開始一個月內
　　　　　舉行之。

第卅六條　縣主管官署依據條例第六十一條第一項第一
　　　　　款取消社員大會決議，應在發覺後十日內通
　　　　　知合作社理事會。

第卅七條　合作社之入社願書，股份證書，社員名簿及
　　　　　大會記錄，應依本細則規定之式樣製備之。
　　　　　（附式二十八至卅一）

第卅八條　合作社每年二月一日起至翌年一月三十一日
　　　　　止為一事業年度，但有特別情形，由社章規
　　　　　定者，不在此例。

第卅九條　合作社每月終應作成月報表。每年度開始
　　　　　時，應作成上年度業務報告，財產目錄。損
　　　　　益表，資產負債表盈餘處分案暨本年經常預
　　　　　算書資產負債表業務計劃估計表損益估計表
　　　　　等件，呈送縣主管官署及省農村合作委員會
　　　　　備案，並由省農村合作委員會考核各合作社
　　　　　成績，列成等級公佈之。（附式三十二至
　　　　　四十一）

第四十條　本細則之規定，合作社聯合會准用之。

第四十一條　合作社聯合會圖記，由省農村合作委員會
　　　　　　刊發應用，但須繳納刊製工本。
　　　　　　前項圖記，篆文木質長方形。區聯合會圖

記，長七公分，寬四公分五公厘，邊寬五
公厘。縣聯合會，長八分，寬五公分，邊
寬六公厘。省聯合會，長九公分，寬六公
分，邊寬七公厘。長戳用仿宋文，木質長
條形。區聯合會，長十一公分，寬二公分
三公厘，縣聯合會，長十一公分五公厘，
寬二公分五公厘。省聯合會，長十二公
分，寬二公分八公厘。

第四十二條　本細則如有未盡事宜，得由省農村合作委
　　　　　　員會隨時呈請修正之。

第四十三條　本細則自軍事委員會委員長南昌行營公佈
　　　　　　之日施行。

二　各省辦理之概況

　　各省農村合作委員會成立以來，即經督飭擬具計
劃，積極進行。但因人力財力之關係，未能趨於一致。
其推行合作縣份，據各該省農村合作委員會本年九月份
表報核計，豫省十六縣，鄂省十縣一市，皖省三十二
縣，贛省二十五縣。（內有由華洋義賑會及其他機關派
員組設，而經由各該省農村合作委員會辦理核准登記之
程序者。）所有各該縣組織成立之合作社種類及數量，
分詳另表。至各省合作貸款，除皖、贛兩省原有二十年
所撥水災振款可資移用，或就各該省預算所列農村合作
事業經費節餘款內撥充外，多向四省農民銀行商撥，或
由合委會經放，或由農行直接貸放，各從其便。截至本
年九月底止，豫省據報共已貸出一十七萬一千四百九十

元，鄂省據報共已貸出二萬七千四百九十一元，皖省據報共已貸出二十八萬五千七百二十六元，贛省據報共已貸出三十六萬六千六百九十八元。其貸款辦法及標準，曾據豫省農村合作委員會與四省農民銀行協訂呈報，核尚簡便妥洽，切合實用，經予令准照辦，並通行遵照。

河南省各縣合作社種類及數量統計表

截至二十三年九月十日止

種類 數量 縣別	信用合作社		利用合作社		運銷合作社		供給合作社		總計		
	單營	兼營	單營	兼營	單營	兼營	單營	兼營	單營	兼營	合計
陝縣	24	7		2					24	9	33
鄭縣	27			2					27	2	29
靈寶	21	3		2	1				22	5	27
許昌	10	14		1					10	15	25
新鄉	3			12					3	12	15
開封	3		2	2		7			5	9	14
商邱	11	1		2					11	3	14
洛陽	5	2		3	1				6	5	11
安陽	6			3					6	3	9
輝縣	8								8		8
汝南	5			1				1	6	1	7
禹縣	1	1		3					1	4	5
淮陽			2						2		2
襄縣					1				1		1
滎陽	1								1		1
廣武	1								1		1
總計	126	28	4	33	3	7	1		134	68	202

湖北省各縣市合作社種類及數量統計表

截至二十三年九月底止

種類 數量 縣市別	信用合作社		利用合作社		運銷合作社		供給合作社		總計		
	單營	兼營	單營	兼營	單營	兼營	單營	兼營	單營	兼營	合計
黃岡				9						9	9
孝感				8						8	8

種類 數量 縣市別	信用合作社		利用合作社		運銷合作社		供給合作社		總計		
	單營	兼營	單營	兼營	單營	兼營	單營	兼營	單營	兼營	合計
浠水				5						5	5
安陸	1	2		7					1	9	10
應城	1			5					1	5	6
隨縣	9			5					9	5	14
棗陽	1			5					1	5	6
武昌	27	3							27	3	30
漢陽	41								41		41
襄陽	39								39		39
漢口	6								6		6
總計	125	5		44					125	49	174

安徽省各縣合作社種類及數量統計表

截至二十三年九月底止

種類 數量 縣別	信用合作社		利用合作社		運銷合作社		供給合作社		總計		
	單營	兼營	單營	兼營	單營	兼營	單營	兼營	單營	兼營	合計
霍山	9								9		9
六安	29		5		5		2		41		41
合肥	14								14		14
舒城	7						1		8		8
巢縣	25								25		25
潛山	6								6		6
青陽	15								15		15
滁縣	14								14		14
至德	6								6		6
祁門						4			4		4
懷寧	100	1		2		1	1	1	101	5	106
東流	58					5			63		63
桐城	39								39		39
宿松	5								5		5
蕪湖	63								63		63
銅陵	23								23		23
和縣	12								12		12
無為	11								11		11
當塗	8								8		8
望江	24								24		24
繁昌	37								37		37

種類數量 縣別	信用合作社		利用合作社		運銷合作社		供給合作社		總計		
	單營	兼營	單營	兼營	單營	兼營	單營	兼營	單營	兼營	合計
貴池	16								16		16
宣城	3								3		3
五河	24								24		24
鳳陽	32								32		32
泗縣	21								21		21
靈壁	55								55		55
鳳台	18								18		18
宿縣	5								5		5
懷遠	21								21		21
壽縣	6								6		6
南陵	5								5		5
總計	711	1	5	2	14	1	4	1	734	5	739

江西省各縣合作社種類數量及區聯合會統計表

截至二十三年九月底止

種類數量 縣別	信用合作社		利用合作社		運銷合作社		供給合作社		總計			區聯合會
	單營	兼營	單營	兼營	單營	兼營	單營	兼營	單營	兼營	合計	
南昌	60		1						61		61	
新建	40						1		41		41	1
安義	36								36		36	1
永修	44								44		44	
進賢	34								34		34	1
高安	66		6	2					72	2	74	2
武甯	70		4				1		75		75	
德安	14								14		14	
九江	36								36		36	1
瑞昌	23		1						23	1	24	1
湖口	51								51		51	1
鄱陽	39				2		1		42		42	
彭澤	39								39		39	1
星子	18								18		18	
餘干	29		14						43		43	
奉新	18								18		18	
豐城	29						1		30		30	
新淦	53		1		1				55		55	1
清江	34								34		34	1
臨川	67		11						78		78	1

種類數量\縣別	信用合作社		利用合作社		運銷合作社		供給合作社		總計			區聯合會
	單營	兼營	單營	兼營	單營	兼營	單營	兼營	單營	兼營	合計	
靖安	14								14		14	
萍鄉	21								21		21	
吉安	4		8				2		14		14	
東鄉	15		4	3					19	3	22	
都昌	33								33		33	
廣豐	1								1		1	
總計	888		49	6			6		946	6	952	12

修正四省農民銀行對河南省農村合作社貸款辦法

一、 河南全省合作社必須經省合委會指導成立並登記後，方得放款。此項放款資金，除合委會自籌基金外，凡由農行供給者，概依本辦法辦理。

二、 合作社設立登記後，由合委會將該社社員人數、職員名單、社股金額，每月彙集，函知農行備查。

三、 合作社如有正當用途需要資金時，得向合委會填具申請借款書，並由合委會負責考核用途及數目，附註意見，函請農行核放。如農行有疑義時，應於二日內函請合委會解釋後，再行核放。
右列貸款到期時，合委會與農行應共同負責催償貸款本息。

四、 合委會與農行每年先商定各種合作社放款標準利率及總額，如有變更放款標準或增加數量時，應由雙方臨時決定之。

五、 合作社借款合同，由合作社與農行各執一份。但付款後，農行應將付款機關、日期、金額、利率，及領款人名，隨時函知合委會備查。還款時亦同。

六、 合作社貸款，除農行設有行處及代理處所在地

外，所有款項收付及簽訂合同，得委託合委會代
為辦理。但往來匯費，農行須負擔半數。

七、 合作社借款，自農行匯出之日起息，合作社匯還
之日止息。

八、 凡與農行有借款關係之合作社，每月應寄月報一
份到行備查。

九、 農行得隨時派員赴各縣抽查合作社貸款。但經合
委會委託，須協助各縣指導員促進各社業務。

十、 將來合作社數增多，合委會為核放貸款迅速起
見，得函請農行派員赴合委會參加貸放工作。

十一、本辦法除陝州、靈寶、洛陽等產棉縣區另有規定
外，所有河南全省合委會辦理合作之縣份，均
適用之。

修正各種農村合作社貸款標準

一、 信用合作社以人數為標準。

　　甲、 有信用保證或附屬擔保品者，每人十五元至
二十五元。

　　乙、 完全信用者，每人十元至二十元。

　　　　附註：第二年度起，得逐年增加五元。

二、 利用合作社以業務為標準。

　　甲、 如有設備者，須以其設備抵押於銀行。貸款
如超過設備費八成時，須由農行或合委會認
可之保證人擔保。

　　乙、 無設備者，視其用途而定。

三、 供給合作社以合作社兩月或三月供給數量為標準。

四、 運銷合作社以產品百分之七十為標準。

　　甲、 青苗抵押貸款：以去年或估計收穫量百分之
　　　　二十為標準。

　　乙、 工程抵押設備：以全部工程八成五為標準。

五、 合作社借款利率，暫定月利八厘。待合作社業務發
　　達後，陸續增加。但最高不得超一分。還款期限，
　　信用運銷業務，最短半年，最長不得超過二年。供
　　給利用業務，最短兩年，最長不能超過五年。運銷
　　業務之設備，與利用業務同。

乙、救濟農村金融

　　查剿匪各省收復縣區，自經赤匪之亂，無不慘遭破
壞，農村赤立，百無一有。目前之救濟，首須採取簡易
合作方式，貸予經營農業之必需資金，使先有耕作能
力，方能謀其復興。前於駐鄂督剿之時，曾制定剿匪區
內各省農村金融緊急救濟條例，頒布施行。除豫鄂皖三
省農村金融救濟事務，三省總部早經遵章設立農村金融
救濟處，負責辦理；閩省亦已飭據呈報，遵於該省府
設處，正在計劃進行外，爰將年來贛省辦理情形，敘
列於次：

一　農貸款額之籌撥

　　贛省自上年剿赤軍事節節勝利以來，所有前被匪陷
縣區，次第收復。貸濟之事，待辦孔亟。曾經先後分電
行政院、全經委會、財政部，請將中央核定之剿匪善後
治本費提前匯撥，以濟急需。而中央庫帑支絀，兩次

蒙撥二百萬元，僅為核定原額十五分之二。此間治本用途甚夥，雖苦無法分配，仍儘先提出三十萬元，另向農行息借三十萬元，又購備農具、耕牛、種穀，借入十萬元，合計七十萬元，指充贛省農村救濟之用。惟此種救濟放款，係應採取簡易合作方式辦理。當以江西省農村合作委員會成立已久，辦理農村合作，著有績效，爰責令主辦該省收復縣區農村救濟事宜，擬具辦理收復縣區農村救濟辦法，呈經核定實施。復以從前豫鄂皖三省剿匪總司令部所頒剿匪區內農村合作預備社章程，專為信用合作社之預備組織，按諸年來經驗，尤應推行利用合作，俾令辦理承借轉貸各事外，兼能代管土地，融合業佃，共謀發展。其在未設立鄉鎮農村興復委員會地方，更可以利用合作預備社代行職權。庶協機宜，而期利便。特用通俗文字補訂農村利用合作預備社簡章，頒發遵行。每克復一地，即由該會派員攜款隨軍前往遵章辦理。

江西省農村合作委員會辦理收復縣區農村救濟辦法

一、　本委員會遵奉行營命令，辦理收復縣區之農村救濟事宜，其工作之範圍如左：

（一）收復縣區之農民借貸事項。

（二）指導農民組織農村合作預備社事項。

（三）督率縣政府，並指導農民組織各級農村興復委員會事項。

（四）兼辦收復縣區之急賑事項。

二、　本委員會辦理農村救濟事宜之縣區，由江西省政府

遵照行營命令，隨時指定之。

三、 每縣區辦理農村救濟事項，得由本委員會派遣主任指導員一人，指導員五人，前往該縣設立辦事處，商承縣長，並督率該縣臨時清鄉善後委員會宣撫組，辦理第一條所列各項事項。

指導員名額，得視事務之繁簡，隨時減少或增派之。

四、 每一縣區之農民借貸及辦理急賑款項，由江西省政府規定總額，交由本委員會指揮各該縣主任指導員，分別遵照江西省賑務會施放急賑辦法及本委員會農村救濟放款規則辦理之。

五、 辦理農村救濟事項之縣區，毗達至三縣以上時，得由本委員會擇定適中地點，選派特派員一人，視察員一人，幹事及書記若干人，設立辦事處，就近指揮監督各縣農村救濟事項。

六、 本委員會辦理農村救濟事項，應按編造報告書表，分報行營及江西省政府鑒核。

七、 收復縣區農村工作，以急賑完竣，農村興復委員會組織完成，及對於農村合作預備社辦理放款手續完了時，即為終結，所有縣辦事處區辦事處，均應撤銷，以後收回貸款及改組正式合作社各事，由本委員會指揮，移歸該縣農村合作主管機關辦理。

八、 本委員會因辦理收復縣區農村救濟事項，所需之必要經費，得編制預算，呈請江西省政府撥發。

九、 本辦法自呈奉南昌行營核准之日施行。

利用合作預備社簡章

十二月八日通令頒發

一、 名目

本社叫做□□縣村利用合作預備社。

二、 目的

本社是本村農民自已聯合起來，合夥耕田，增加出產，要做到大家能夠生活，才算達到目的。

三、 界限

本社以區村為界限。

四、 社址

本社事務所設於本村第□號門牌。

五、 社員

本社社員，沒有定數，各個社員，都要連環擔保，凡是中國人年滿二十歲，住在本社界限內的家長，又有謀生本事的，都可以填寫入社書，來做本社社員；但是下面各種事項，如果犯了一種，就不許他進社，即使混進來做了社員，也要開除他。

一、 當過赤匪判了罪的。

二、 幫助赤匪做過事，雖然准許了他悔過自新，還不能十分相信他的。

三、 有瘋癲病的。

四、 吸鴉片烟或紅丸的。

凡是社員被開除的時候，要把本人所欠本社的債和保人連環擔保應該攤還的錢，一概還清，若是死了，就由繼承人去還。

六、 事情

本社合夥做的事情如下：

一、借給社員耕作的本錢。

二、管理社員的土地。

三、置辦耕田和日用的東西。

四、買進賣出各種貨物。

五、如在沒有設立農村興復委員會的地方，可照剿
匪區內各省農村地方處理條例，代辦鄉或鎮農
村興復委員會所應辦的各種事情。

七、 辦事

本社辦事人如下：

甲、 理事會：設理事三人或五人，公推一人做理
事長，管理社內各事，並由理事長指定一位
理事故司庫，管理賬目。

乙、 監事會：設監事一人或三人，公推一人做監
事長，監查社內各事。

丙、 評事會：設評事最多九人，公議社內各種事
情，除了業主佃戶和自耕農各別選出一人或
二人做評事以外，還要請本社理事長一人，
本保保長或聯保主任一人，技術員一人，做
當然評事。

上面幾種辦事的人，都是盡義務的，不支薪
水，如果要用專人辦事的時候，也可以花錢
請事務員。

八、 會議

社員大會，每半年開會一次，辦理選舉職員，通過

章程，商定計劃，審查報告各種事情。理事會每月
開會一次；監事會隔三月開會一次；評事會也是隔
三個月開會一次。但是遇著了緊要的時候，都可開
臨時會的。

九、　改組

本社限定在成立一年以內，改成為正式利用合作
社；並可以兼做信用供給運銷各種的事情。

十、　附則

凡是本簡章沒有規定的事，都要遵照剿匪區內農村
合作社條例或土地處理條例去做。

二　組社貸放之情形

贛省農村合作委員會奉令辦理收復縣區農村救濟事
宜後，節據擬具農村利用合作預備社指導綱要及放款規
則呈報，以便指導組社，辦理貸放，得以按程進行，有
所遵循，均經令准照辦。該會一面又派員設法調查各被
匪區縣災情輕重，藉為統籌支撥貸款數額，並決定組社
數量之準則。據其調查結果，贛省應辦農村救濟之處，
計有七十四縣區。其中遵令派員舉辦者，截至本年九月
底止，已有三十四縣區。當就前撥貸款數內先以四十萬
元，酌依各該縣區匪災輕重，配撥貸放，詳具另編組社
貸款一覽表。惟以災區太廣，款額過微，不能寬予分
配，距應辦救濟程度尚遠；然殘喘待蘇之民，得此已歡
呼不置。苟不為財力所限，其收效自更宏遠矣。

農村利用合作預備社指導綱要

（甲）調查

一、 就縣城各機關及地方人士，訪問該縣所轄境內被匪災情，分別輕重程度，繪製圖表，並略記戶口、人數，呈報江西省農村合作委員會（以下簡稱合委會）。

二、 就縣府考查全縣各區保甲或義勇隊進行程度。

三、 赴匪災輕重和保甲完成區域，依據調查表所列事項，分別向老農、士紳或保甲長等詳細訊問清楚，填入自備之日記簿內。

四、 將調查結果，稍事整理，依照調查表開列事項，分別記入。如認為有不確實者，甯可令其空白。填就後應即送請主任指導員審閱，轉呈合委會或合委會特派員區辦事處（以下簡稱區辦事處）備查。

　　應用書表——災區調查表（預社書表二）

（乙）宣傳

一、宣傳要點如下：

 1. 收復縣區農民慘被匪害，政府為謀恢復農民生業起見，所以特頒發農賑款項貸予經營農業資本。

 2. 農民要承受政府貸款，恢復生業，所以要組織團體。預備社就是這種團體。

 3. 預備社申請借款，是否有償還能力，無從查考，所以要各社員將借得款項經營農業，於第一次主要作物收穫後，提出若干，做償還借款的準備金，並須經過評事會慎重的評定。

 4. 預備社是臨時應急的組織，所以借款要在收穫

後償還。如因償還借款，無力繼續維持生產，可改組正式利用合作社，再行申請借款。

　　5. 預備社是利用合作社一種預備組織，所以要辦土地登記。

　　6. 其他依照社章規定事項，詳加解釋。

二、向城鄉公共團體學校及其他各機關宣佈政府辦理農村救濟的意義和復興農村的重要。

三、召集全縣各收復區區長於縣辦事處說明農村救濟的辦法，並決定各區組社的次序。

四、赴決定組社之區公所，召集各聯保主任及各保長，講演利用合作預備社的辦法，並根據災情之輕重，決定各保組社的■■先後。

五、到決定組社之保長辦公處或農民集居村莊，召集各甲長村民等講演利用合作預備社的利益和組織之方法。

（丙）組織

一、選定組社區域

　　選定區域，要適合下列的幾個條件：

　　1. 查考全縣災情，以被災情形較重的區域，儘先組織；災輕者次之；恢復生業者從緩。

　　2. 村民返里人數，以達到全村三分之二以上者，或為適應農時而回里村民多屬農民，未歸村民尚無確期者。

　　3. 農村興復委員會已正式成立，被毀田地界址及土地所有權亦經清理完竣之村莊，或尚未組織農村興復會，而田地界址亦未毀壞，土地及其

他不動產之所有權絕少糾紛者。

4. 保甲組織完善，或尚未編組，而已成立剷共義
勇隊及其他民眾團體，具有相當自衛能力者。

二、 物色發起人

物色發起人，必須注意頭腦清晰，品行端正，且
較有能力，熱心公益者。

三、 徵集社員

1. 依照社章第五條之規定。

2. 限于自耕農佃戶業戶。

3. 每社社員最少應有三十人以上，不足時得聯合
附近村落，共同組織。

4. 社章規定之連保人，在發起時得互相連保。

應用書表——入社願書（預社書表三）

四、召集籌備會議

籌備會應做的事情如下：

1. 確定社名——社名即用事務所所在地之村名。

2. 商定區域——業務區域要在各社員能實行合作
的範圍為限。

3. 審查社員——將社員入社願書提出審查公佈。

4. 選擇社址——注意社員便利，擇定適中地點。

5. 填製社章——將頒發簡章各條空白處填寫清楚。

應用書表——社章（預社書表一）

五、舉行成立大會

成立大會應做的事情如下：

1. 報告籌備經過。

2. 解釋並通過簡章。

3. 選舉各種職員——注意人選，最好能用票選方法去選舉。

（各職員除司庫一人，由理事長指定理事一人兼任外，其餘職員一律不得兼任。）

4. 在五十人以下的預備社，只要選舉理事三人，監事一人，評事六人，監事就可執行監事長之職權。

六、 監事理事開會

1. 監事會——如監事選舉三人以上時，在成立大會閉幕後，當即會商下列各事：

子、 推定監事長——由各監事公推一人為監事長。

丑、 規定常會期——監事會每三個月開常會一次，應將每次會議的日期預先規定，以便按時召集開會。

寅、 決定監查方法——（1）防止職員舞弊，（2）監督社員借款用途。

卯、 其他應付討論事項。

辰、 如監事僅選舉一人時，就不必召集會議，就可執行監事會之職權。

2. 理事會——各理事於監事散會後，即應約請監事長或監事列席，開第一次理事會，商議下列各事：

子、 推定理事長——由各理事互推舉一人為理事長，並由理事長指定一人為司庫。

丑、 規定常會日期——理事會每月開常會一次，

應將每次會議的日期，預先規定，以便按時召集開會。

寅、 辦理登記手續——理事會應負責辦理呈請登記手續，製備社員花名冊，保甲長證明書，辦事人名單各二份和請求登記書一份，送請駐縣指導員辦事處核辦，並存留一份在社備查。

應用書表——社員花名冊（預社書表四）

保甲長證明書（預社書表五）

辦事人名單（預社書表六）

請求登記書（預社書表七）

七、 登記預備社

辦事處主任接到預備社請求登記書後，應於三日內親身或派另一指導員前往抽查。經查明合格，即一面答復預備社准予轉呈，一面將送呈書表各抽存一份備查，餘一份即轉呈合委會或區辦事處，俟奉令准予備案後，再行補發登記證書及圖記。

應用書表——預備社成立調查表（預備書表八）

登記證書（預社書表九）

（丁）經營業務

預備社接到縣辦事處發給之登記書證書及圖記後，即可依照社章，分別進行左列各事項。

一、借款

1. 準備借款

子、 預備社借款，須先由社員依照下列規定辦理。

（一）社員借款用途，以購置種籽、耕牛、農具、肥料、食糧，及修理房屋等項為限。

（二）按照秋收後從耕種田地收穫物中能提出若干還款金額為標準。如用途需款十元，又能於秋收後從收穫物中提出十元抵償借款，即可望貸予十元。

（三）借款最高額不能過三十元。

（四）填具借款單，送請預備社審定。

應用書表──社員借款單（預社書表一五）

丑、預備社接到社員借款單後，即交由評事會查問借款的社員：

（一）社員所有田地或耕種田地之畝數；

（二）預定充作還款的收穫物及其數量是否可靠；

（三）借款用途是否合宜，然後決定借款數目。

2. 開始借款：

子、預備社向合委會申請借款時，要先向縣辦事處領取借款申請書二份，將評事會評定各社員借款數目加成總數，並將預定還款之收穫物名稱、數量、價格等項，及社員借款細數等等，照式填寫二份，送辦事處轉呈合委會或區辦事處核定。

丑、預備社申請借款之總數，如果經區辦事處

核減，應即依照減少數目，用比例方法減少各社員（職員亦在內）原來請申借款之數目，分別攤勻，不能任意減少某一社員或某一部份社員借款的數目。

寅、 預備社接到縣辦事處通知奉准借款時，應即和縣辦事處訂立合同三份，並繕具正副收據各一份，送交縣辦事處，會同將付款通知書，連同正收據，送請縣政府付款，並取回合同一份由預備社存查。

卯、 預備社借款數目，如果在五百元以上的，依照規定，應俟區辦事處轉呈合委會核示，始能付款；但遇於急要的用途，亦可先借到五百元以下的數目，其餘須俟合委會核定後再行足補。

辰、 預備社借款在五百元以上，接到縣辦事處通知，預先付一部份款項時，亦應出具臨時收據二份，送交縣辦事處，會同將付款通知書及收據一份，送請縣政府取款；等到補足借款時，預備社即將臨時收據取回，重新依照二、三兩項手續辦理。

應用書表——借款申請書付款通知書

（預社書表十一、十二）

借款合同收據

（預社書表十三、十四）

3. 處理借款

子、 由理事會依照合委會或區辦事處核定社員

借款金額，交付各社員使用，如有用途相同，願意合併辦理者，即由社員大會決定，交由理事會，就各社員借款內分別提出若干成，設備並經營，以供社員共同利用。

丑、 借款如因社員用途不同，須各別使用者，應於交付各社員時，取具正式借款收據。

寅、 放出款項，由理事會依據合委會或區辦事處核定之細數，交付各社員，並由司庫分別記載簿冊。

4. 辦理還款

子、 由預備社在秋收前通知社員準備款項。

丑、 由預備社在秋收後按照預定日期，催收各社員應還款項之本息。如因繳還借款，無法繼續維持生業，並為防止穀賤，可即改組正式利用合作社，再行申請借款，辦理糧食儲押。

寅、 預備社救濟各社員借款之本息後，即會同縣辦事處，將借款本息寄交指定地點，並將借款合同註銷，送存委會，取回收據。

附　計算利息

1. 合委會借給預備社款項，月息五厘。借款時自交付預備社之日起息；還款時，以預備社交到指定收款機關之日止息。

2. 預備社轉借給社員款項；其利息由社員大會規定之；但最高不得超過一分。借款時，自交付社員款項之日起息；還款時，以社員交到預備社

之日止息。

二、 登記土地——預備社辦理借款事務完了後，即應
由理事會會同評事會進行社員土地登記，按照社
員土地登記薄，分別登記清楚，以為改組正式利
用合作社，訂立各種合約之準備。

三、 置辦耕田和日用的東西，或者買進賣出各種貨物
——預備社社員如果有共用需要，得就借款內提
出若干成，共同購備農業方面和生活方面的需用
品。如種籽、肥料、農具、牲畜、糧食、油鹽、
布疋、雜貨等等，或共同賣出各種生產物，供應
社員便利者，可由社員大會決定後，交理事會照
辦。其辦法可由預備社就簡而易行者，參照各種
合作社規定方法，自行酌定，呈報合委會或區辦
事處備案。

四、 代行鄉或鎮農村興復會處理各事項——凡經赤匪實
行分田之區，於收復後，得設農村興復委員會，處
理土地，及其他不動產所有權之糾紛，及辦理一切
善後事宜。但在未組織農村興復會之地方，關於本
社區內之土地及其他不動產所有權之爭執，被毀經
界之整理，所有權無法確定，及無主土地之代行管
理，或官有荒地之管理，土地耕佃之分配，田租
之決定，以及農民債務之清理等各事項，預備社
都可以遵照剿匪區內農村土地處理條例之規定，
代行處理。

（戊）其他

預備社開始經營業務以後，指導員除指導訓練

外，並應隨時監督社內一切的事情。要特別注意
的有下列幾項：

一、 借款分配是否與合委會或區辦事處所核定的相
　　 符？用途是否正當？借款細數已否公佈周知？

二、 職社員與非社員有無舞弊搗亂行為？

三、 職員是否盡職？有無私自加息？孚濫開支？或苛
　　 索等情弊？

四、 社員職員有無團結精神？是否勤於本業？對於社
　　 務是否熱心？

五、 各項圖戳、帳簿、公文、書表等件，是否加意
　　 保管？

江西省農村合作委員會辦理收復縣區農村救濟放款規則草案

二十三年二月五日核准

一、 江西省農村合作委員會（以下簡稱本會），為奉令
　　 辦理收復縣區農村救濟放款，特依呈准本會辦理收
　　 復縣區農村救濟辦法第四條之規定，訂立本規則。

二、 凡是經過省政府，遵照南昌行營命令指定准設農村
　　 利用合作預備社（以下簡稱預備社）的縣份，本會
　　 放款給預備社時，都照本規則辦理。

三、 救濟放款，以放給經過本會核准登記的預備社
　　 為限。

四、 本會放給預備社的款子，規定月息五釐；由預備社
　　 轉借給社員的款子，月息不得過一分。

五、 救濟放款，以左列用途為限：

甲、購買種籽、肥料、耕牛、農具及食糧。

乙、修理房屋及農業用具。

六、　救濟放款歸還期限，應於借款後第一次主要作物秋
　　　收後歸還。

七、　預備社向本會借款時，應按各該社員，在秋收後，
　　　從耕種田地所得收穫物中，提出還款能力為標準，
　　　但每一社員借款最高額，仍不得超過三十元。

八、　預備社社員向預備社借款時，要先寫一張借款單，
　　　照式填好，送交預備社。

九、　預備社接到社員借款單後，應即交由評事會照下列
　　　各事項分別查明再行決定借款數目。

　　　（一）社員所有或耕作田地畝數。

　　　（二）預定充作還款的收穫物及其數量是否可靠？

　　　（三）借款用途是否適當？

十、　預備社向本會申請借款時，要先向縣辦事處領取借
　　　款申請書，將評事會評定社員借款數目，加成總
　　　數，並將預定還款之收穫物名稱、數量、價格等
　　　項，及社員借款細數等等，照式填寫二份，呈送縣
　　　辦事處。

十一、縣辦事處接到預備社申請借款書表後，應即由
　　　主任指導員或派員帶著送來的書表，到該預備
　　　社實地調查，或者向各社員抽查。等到查明以
　　　後，提出報告，經過審查，再由縣辦事處連同
　　　書表，一併轉呈本會各區特派員辦事處（以下
　　　簡稱區辦事處）去決定。

　　　各縣在區辦事處未成立以前，應轉呈本會核定。

十二、區辦事處對於預備社申請借款，有酌量減少數目的權限。

預備社申請借款的總數，如果經區辦事處核減了，該預備社應即依照減少數目，用比例法減少各社員原來申請借款的數目，分別攤勻。

十三、區辦事處決定預備社借款在五百元以下時，應即在借款申請書上加蓋區辦事處圖章，留下一份備查，將其餘的一份，並附持向縣政府付款通知書一紙發回縣辦事處。

十四、縣辦事處接到區辦事處核准的借款申請書及付款通知書後，應即和預備社訂立借款合同三份，並取具正副收據各一份，將付款通知書連同預備社正收據，送請縣政府付款，另將合同一份送區辦事處彙轉本會，其餘兩份合同，一份存縣辦事處，一份存預備社。

前項正收據應由縣政府於付款後連同付款回單呈合委會備核。其副收據留辦事處存查。

十五、區辦事處決定預備社借款數目，如果在五百元以上的，應轉呈本會核定後，才能付款。但遇有急要的用途，可由區辦事處，酌量先付五百元以下的數目，其餘等到本會核定後，再行補足。

十六、縣辦事處接到由區辦事處預先付款的通知書時，應即連同預備社臨時收據一份，送請縣政府交付款項。

臨時收據亦應填寫二份，由縣政府存一份，其餘一份由縣辦事處送呈區辦事處存查，等到借款

申請書正式核定，補足借款時，將臨時收據退回
預備社，重新依照十三、十四兩條規定辦理。

十七、預備社承借的款，在未到預定歸還的時候，可以
提前歸還，借款的利息，也只算到還款的日子
為止。

十八、放款後如果發現承借的預備社，或社員，用途不
實，或有操縱和虛偽的情事，可以隨時由區辦
事處，或縣辦事處勒令歸還借款的本息。

十九、放款總數，如果滿了各該縣放款預定的金額，可
以暫時宣布停止放款。

二十、本規則內所規定要用的各種書表，另由本會訂定
式樣。

二一、本規則自呈奉南昌行營及江西省政府核准後就發
生效力，如果還有不完善的地方，可由本會修
正，呈請備案。

三、農具牛種之補充

本年二月間迭據前方軍政長官報告，各收復縣區缺
乏農具、耕牛、種穀情形，亟待補充，以利春耕。當經
指示應行籌辦緊急救濟事項數端，飭由贛省府轉令建設
廳遵照擬具補充農具、耕牛、種穀詳細辦法，呈經修
正施行；並飭四省農民銀行江西分行墊借購備農具、耕
牛、種穀用款十萬元，交由江西建設廳，於臨川、吉
安、萍鄉等縣，各設補充辦事處一所，分別指定域，
責令籌辦補充。旋據陸續呈報，需要補充縣份，計有
二十六縣區，均已按照所需物品購運補充，詳具另表。

現在各辦事處因任務完畢，業已遵令結束。其承領之款，以及購售物品，應依補充辦法第十四條規定，由建設廳按縣分別現賒兩項造冊，連同餘款，掃數移交江西省農村合作委員會，歸入辦理農村救濟貸款案內結算。

江西省建設廳補充收復縣區農具耕牛種穀辦法

二十三年三月一日核准

一、　江西省建設廳，遵照省政府轉奉軍事委員會委員長南昌行營命令，辦理補充收復縣區農具、耕牛、種穀事宜，悉依本辦法之規定。

二、　江西省建設廳，辦理補充收復縣區農具、耕牛、種穀事宜，為便利起見，得分就各收復縣區附近，擇定地點，設立辦事處，負責辦理。按其設立順序，定名為江西省建設廳補充收復縣區農具、耕牛、種穀第幾辦事處（簡稱補充辦事處）。每一補充辦事處，應補充某幾縣區，均由建設廳隨時指定。

三、　補充辦事處，每處設主任一人，幹事若干人，均由江西省建設廳遴委充任，並酌擬經費支付預算，呈請省政府轉呈行營核定。

四、　補充辦事處設立後，須就各收復縣區或行將收復縣區之鄰近安全地域，調查其現有農具、耕牛、種穀情況，依照左列各款規定，分別採購。

（甲）農具

採購農具，應以經濟及適合當地農民需要為原則。視供求兩方實際情況，或購成品，或購材料，運至需要地方，募集工匠，趕製發售。

（乙）耕牛

應一面酌量預購若干頭飼養，一面就產量較多地方，派員預先接洽，以便隨時增購運往需要地方接濟農民。

（丙）種穀

應就檢驗適用，蓋藏較多；且便於運輸地方，預先定購，酌付款項，以便隨時購運。

五、 補充辦事處購辦之農具、耕牛、種穀，其保管飼養場所，由當地縣政府預先指定地點備用，並與補充辦事處同負保管飼養之責。

六、 各收復縣區缺乏農具、耕牛、種穀時，由當地軍政負責人員呈報行營，或江西省政府，令由建設廳迅飭該縣區鄰近之補充辦事處，立即會同當地行政官署設法調查，估計其最低限度之需要數量，通知儲備地點之保管人員，即速發運，不得有誤。但已成立農村救濟指導員辦事處之縣區，應由該辦事處負責調查；仍將需要最低數量，函告補充辦事處，以便通知發運，所有各項發運數量，均應分批詳報建設廳備查。

七、 運輸補充收復縣區農具，及農具材料，與耕牛種穀等，如有需用汽車或火車時，得呈請轉飭免費，或減費運輸。

八、 農具、耕牛、種穀運到需要縣區時，應通知當地縣政府依第五條之規定，辦理飼養保管等事，並會同組織發賣所，按次列兩條規定辦理之。

九、 凡運售舉辦農村救濟縣區之農具、耕牛、種穀，應

由派駐各該縣之農村救濟指導員辦事處，負責通知
各預備社。如係以現金承購者，須先由該辦事處開
單送交發賣所，以憑按單發賣。其不在該辦事處開
送單內者，概不能記賬購買。

十、　凡運售未舉辦農村救濟縣區之農具、耕牛、種穀，
應由補充辦事處人員會同當地縣政府，傳集需要地
區之保甲長，飭將急待補充農戶之姓名、住址、耕
地畝數詳細開列，以憑彙計需要數目，酌定售給。
均應以現金向發賣所購買。但農民實在無力，不能
以現金購買時，應將農具、耕牛、種穀等項，統交
該管縣政府負責承受；由縣政府分發與各保甲長，
借給農民，取具承借人借據及各該保甲長擔保歸還
之保證書；同時縣政府應速呈報江西省農村合作委
員會選派農村救濟指導員，前往舉辦農民借貸。一
俟指導員蒞縣，即將承借戶名清單彙成證件移交，
以便補依放款規則之手續辦理。

十一、凡發售之農具、耕牛、種穀，概由補充辦事處
按照成本，釐訂賣價，務應低廉，如因採購轉
運，成本過高時，得遞請行營酌予補助，俾仍
能減低價格出售。

十二、凡採購農具、耕牛、種穀等項，所需資金，由
建設廳擬具概算，呈請省政府轉呈行營核准，
於善後治本費內撥付飭四省農民銀行江西分行
墊發。

十三、補充辦事處採購農具、耕牛、種穀需付之價
款、運費，及飼養費用，應預向建設廳請領備

支，並于支付時索取確實收款單據為憑；按旬
編同購運詳表，備記其種類，單價數量等項，
彙送建設廳查核，轉報省政府暨行營備案。其
表式由建設廳訂定之。

十四、補充辦事處發售農具、耕牛、種穀，收回價
款，應隨時解交建設廳保管。俟屆結束時期，
由廳按縣分別現賒兩項造冊連同餘款，掃數移
交江西省農村合作委員會，歸入本省辦理農村
救濟貸款案內，合併結算，並呈報省政府暨行
營備案。

十五、補充辦事處，應於成立後，即迅通告指定補充
各縣縣政府，及農村救濟指導員辦事處，並各
區農村救濟特派員辦事處，以便接洽。

十六、各補充辦事處設立期間，暫定為十個月，如十
個月內，經辦事務不能辦理結束時，得遞請行
營核准延之。

十七、各縣政府除應依照第五條規定，負補充收復縣
區農具、耕牛、種穀保管、飼養之責外；並須
協助辦事處辦理採購、運輸事宜。

十八、本辦法由江西省建設廳擬訂，呈請省政府轉呈
軍事委員會委員長南昌行營核定施行。

江西省建設廳補充收復縣區農具耕牛種穀統計表【原件
模糊】

丙、處理農村土地

查赤匪侵陷縣區，暨實行分田，或則經界毀滅，失地原形；或則契據喪失，難尋物證。收復以後，糾紛必多，自應預籌整理。然承大亂之後，今昔攸殊，若欲一返其舊，亦為勢所不許。故豫鄂皖三省剿匪總司令部前曾按諸現時社會情形，兼顧業佃雙方利益，制定剿匪區內各省農村土地處理條例頒行。茲將年來關於實施此項條例之籌備，以及附帶問題，如收復當年未收之穀物究歸誰屬，收復以前之欠租債務如何處理，收復縣區壯丁缺乏，田地荒蕪，如何救濟，均經分別補訂辦法施行，析述如左。

一、土地處理講習會之設立

查剿匪區內各省農村土地處理條例，於二十二年十月，由豫鄂皖三省剿匪總司令部制定頒行。而執行條例各項規定之機關，厥為各級農村興復委員會。乃施行以來，各收復縣區政府或不知運用，或畏難苟安，遵章設立農村興復委員會者，殊不多覯，自非委派人員，分往各收復縣區督察指導，以資推動，難期實效。而此項督察人員，又非對於該項條例講求有素者，不能勝任愉快。為儲備此項人才計，乃於本年一月設立土地講習會，選送會員入會講習。復於本年二月制定收復縣區土地處理督察員服務規則，就會員中遴派土地處理督察員四人，分往江西各收復縣區督察；其餘會員，則發交江西農村合作委員會派赴各收復縣區辦理土地處理指導事務。

江西省土地處理指導員服務規則草案

二十三年三月六日核准

第一條　　凡服務江西省農村合作委員會（以下簡稱本會）之土地指導員（以下簡稱指導員），悉依本規則辦理。

第二條　　指導員，由本會就委員長南昌行營第二廳，附設土地處理講習會會員中，擇尤委派，並呈報行營暨省政府備案。

第三條　　指導員遵照豫鄂皖三省剿匪總司令部頒布之剿匪區內各省農村土地處理條例，辦理本省收復匪區土地處理事務，其職責如左：

　　　　　一、　關於指導組織各級農村興復委員會事項，

　　　　　二、　關於各級農村興復委員會之諮詢事項，

　　　　　三、　關於辦理土地處理有關係各機關之協助事項，

　　　　　四、　關於土地處理督察員之交辦事項，

　　　　　五、　關於農村救濟縣辦事處主任之交辦事項，

　　　　　六、　關於南昌行營暨本會臨時之指定事項。

第四條　　指導員工作區域及服務期限，由本會訂定之。

第五條　　指導員到達所派往縣份後，應向縣政府報到，並將到達日期，呈報本會暨該管區辦事處備查。

第六條　　指導員到達所派往縣份後，應將全縣調查明

晰，擬具工作計劃，呈送本會暨該管區辦事
處備查。

第七條　　　指導員到達所派往縣份後，應將工作概況按
週填送本會，暨該管區辦事處備查，其表式
另訂之。

第八條　　　指導員到達農村，絕對不得接受農民，或其
他團體之供應。

第九條　　　指導員除遵章辦理所規定之事項外，不得干
預其他事項。

第十條　　　指導員因執行職務發生障礙時，得商請縣政
府協助之。

第十一條　　指導員薪津等費，由本會另表規定之。

第十二條　　指導員獎懲規則，由本會另定之。

第十三條　　本規則如有未盡事宜，由本會隨時修改，呈
報行營核准之。

第十四條　　本規則經呈請行營核准之日施行。

二、土地處理之概況

自土地處理督察員分別派住後，嗣據各該員報告各
縣區籌設農村興復委員會情形，除田地雖經赤匪分散，
因為天然地勢所限，經界未毀，土地糾紛尚少，故未設
立，或因喪亂初平，業主逃亡未歸，土地糾紛尚未發
生，暫緩設立者外，其餘各縣區，或已設立各級農村興
復委員會，或因事實上之關係，先設立縣或區農村興復
委員會，或正在籌設中。其中以蓮花縣辦理成績最著
（參看附表）。惟此項事務，端賴地方士紳相助為理，

而人才難得，實為收復匪區之嚴重問題。蓋因智識份子或被赤匪殘殺，或逃亡未歸，或鑒於公務人員之毫無保障，多不願出而任事。各鄉鎮農村興復委員會欲覓一繕寫人才，已屬困難。進行遲滯，此實為其主因，經令江西省政府轉飭民政廳勸導各地士紳從速回鄉，共襄要政。一面分令該省政府及各剿匪部隊，轉飭所屬，對於農村興復委員會委員，或其他地方機關服務人員，優加禮遇，妥為保護，期使一般正紳，皆樂於從事。再查剿匪區內各省農村土地處理條例係屬文言，非一般智識低淺之人所能通曉，乃於本年三月，抉擇精要，演為語文，分交各剿匪部隊航空處及各收復縣區政府，分途散放，以廣宣傳。又福建土地處理情形，與他省略異，據該省政府電呈前十九路軍駐龍岩時，不分業佃，一律計口授田，現均有田可耕，確亦相安，似非變通辦理，誠恐治絲益棼，擬請凡已實施計口授田之地，一律以現在之承耕者計口授佃，不予變更等情；查照舊授佃，與農村土地處理條例所定分配耕佃辦法，自屬不合；但該省情形既屬特殊，自不能不准予變通。至其他各項，仍照條例辦理。

蓮花縣各鄉農村興復委員會登記土地成績表

區別	鄉別	所在地	成立日期	主席姓名	登記田畝碩數（碩）	徵收登記費及管業證稅（元）	已發登記數（張）	已發登記證之田賦數（碩）
第一區	城市鄉	北正街	22/08/20	李振采	7531	287.00	4000	6420
	琴亭	獅子村	22/08/20	賀巘榮	2065	80.41	1000	1770
	蓮花	花塘村	22/08/25	朱振祖	5663	41.70	1700	2720
	梅州	梅州村	22/08/26	顏志遠	3312	48.56	600	960
	郭家	郭家村	22/08/26	郭根曜	7323	16.30	1600	2560
	楊家	楊家村	22/09/01	劉文霞	1027	22.00		
	湯渡	金家村	22/09/01	金慰慈	3471	45.50	1200	1920
第一區	白馬	白馬村	22/09/15	劉如圭	1207	45.00	700	1120
	梟村	下村屋	22/09/17	羅錫壽	6819	164.00	1600	2560
	斜田	下梟村	22/09/28	胡愛羣	3751	108.00	1400	2242
	南村	長脚灣	22/10/01	賀樹潘	3967	65.00	1300	2080
	清塘	白渡村	23/06/22	金德馨				
本區合計十二所					46136	1070.17	15100	24352
第二區	模背	模背村	22/10/01	彭富先	1680	30.00	400	640
	橋頭	模頭市	22/10/01	顏福海	3897	53.00	700	1108
	珊田	珊田村	22/10/02	顏象省	3109	19.00	200	325
	竹湖	竹湖村	22/10/05	周日蒸	1659	10.00		
	長市	張家村	22/10/10	陳幹廷	1640	13.00		
	仁美	大沙洲	22/10/10	甯贊廷	1325	15.00	200	323
	洛塘	彭姓村	22/11/01	彭祖貽	6566	95.00	1300	2087
	坪里	坪里村	22/11/01	賀路廷	825	5.00		
	段家	段家坊	22/11/01	段麟祥	2905	10.00	700	1125
	升坊	樓下屋	22/11/08	李振邦	4189	36.50	400	642
	南河	南灣村	22/12/20	汪西柱	1000	21.00		
	棠市	三板橋	23/01/28	彭以彪	2093	51.00	300	489
	神泉	寧家村	23/03/27	甯青雲				
	大灣	大灣村	23/04/01	劉湛六				
	石水	水口村	23/04/28	李之華				
本區合計十五所					30888	358.50	4200	6739

區別	鄉別	所在地	成立日期	主席姓名	登記田畝數碩數（碩）	徵收登記費及管業證稅（元）	已發登記數（張）	已發登記證之田賦數（碩）
第三區	田東	田東村	23/03/11	劉壽廷				
	升塘	升塘村	23/03	李博民				
	義鎮	塘邊村	23/04/21	賀甲林				
	長富	樊家村	23/03/15	樊繼英	400	10.00		
	謙坊	謙坊村	23/04	王洪茂				
	良坊	栗下村	23/05/09	賀捷				
	南陂	沿江村	23/05/24	劉乃駒				
	本區合計七所				400	10.00		
第四區	荷塘	井下村	23/04/01	蕭香翰	1310	9.00		
	坊樓	坊樓下	23/05/17	陳炳年				
	羅漢	羅漢司	23/05/17	陳擴				
	六市	六工坂	23/05/25	嚴開漢				
	河家	河家村	23/06/01	謝飛鳶				
	蒼下	蒼下村	23/06/05	龍希景				
	嚴家	嚴家村	23/06/05	嚴相如				
	高州	高州村	23/06/06	謝凝福				
	本區合計八所				1310	9.00		
全縣合計四二所					78734	1447.67	19300	31091

三、收復縣區欠租債務之處理

　　查被匪縣區初收復時，一般農民恒恐業主歸來，索取田租，對於所種穀物，往往委棄田野，不願收割。又債權人逼索債務，時起糾紛，乃於二十二年十月十二月先後電飭各剿匪部隊及贛、鄂等省政府，凡屬我軍新收復匪區現時未收穀物，概歸本年所種之佃戶收穫，以濟貧農，明年再照農村土地處理條例妥為處理。又收復縣區內人民從前所欠各種債務，一律展期清理，債權人不得迫追，令其布告週知。（此項期間，按剿匪區內各縣暫行處理民事綱要第三條丙款之規定，應照農村土地處理條例辦理，准予延期二年）。本年八月，復就田租問

題規定兩項辦法；

一、凡屬收復縣區地畝當年之農產物，無論官地民地，除軍隊代耕者外，概歸本年耕作者（自耕農、佃農皆在內）所有，原業主不得索取田租。

二、自收復後第二年起，無論官地民地，公私業主，皆可收取田租。

所有收租及保管各項辦法，應由各縣及區鄉鎮依法成立各級農村興復委員會，遵照剿匪區內各省農村土地處理條例之各項規定辦理。分令各剿匪部隊及各剿匪省區政府，轉飭所屬，廣為布告，一體遵照。以上所免租穀，係指收復當年而言。至收復以前所欠田租房租，欠戶大多，無力繳納，如仍准業主追討，不予免除，必致糾紛時起，秩序騷然，殊非安定社會，保護劫後窮黎之道。況在同一土地關係之下，國家既允減免業主之田賦，而業主仍得索取佃戶之欠租，亦非所以昭公允，而示體恤。復於本年十月令飭豫、鄂、皖、贛、閩等省政府，轉飭各收復縣區政府遵照，凡被匪縣區在收復以前所欠田租房租，應准其免繳，不許追討。至債務一項，無論農民債務或非農民債務，均依據農村土地處理條例辦理，使一般債務人均得享受該條例所定延期清理，減免利息及限制最高利率等項利益，以免向隅。

四、剿匪官兵協助人民耕種之獎勵

查新收復之匪區，類皆壯丁缺乏，田地荒蕪。為恢復農村及提倡生產計，爰獎勵剿匪官兵，在收復之區，於可能範圍內，就地耕種，或協助人民耕作。曾於本年

六月電令各路總司令總指揮，轉飭各師各團，分區擔
任，以資比賽。俟播種完成後，即將各部隊耕種成績，
分別詳報，聽候核給獎金。嗣於七月制定剿匪官兵協助
人民耕種獎勵辦法，頒布施行。現北路軍第六路總指揮
薛岳所屬各部隊代種民田計二千四百餘畝，已發獎金
三千五百餘元。尚有其他部隊耕種不滿五十畝，照章不
給獎金，僅予傳令嘉獎者，不在其內。

剿匪官兵協助人民耕種獎勵辦法

二十三年七月二十七日隨令頒發

一、 新收復匪區勞力缺乏，田地荒蕪，剿匪官兵得於
可能範圍內協助人民耕種之。

二、 收復匪區內如設有農村復興委員會者，剿匪官兵
協助人民耕種時應與該會商洽辦理。

三、 剿匪官兵協助人民耕種時，無論稻麥雜糧菜蔬，
均應於播種完成後將耕種成績詳細具報，聽候本
行營核給獎金。

四、 核給獎金標準如左：

甲、 耕種在五十畝以上一百畝以內者，得給予
一百元以下之獎金。

乙、 耕種在一百畝以上不滿二百畝者，得給予百
元以上至二百元之獎金。

丙、 耕種在二百畝以上不滿三百畝者，得給予
三百元以上四百元以下之獎金。

丁、 耕種在三百畝以上不滿四百畝者，得給予
四百元以上五百元以下之獎金。

戊、　耕種在四百畝以上不滿五百畝者，得給予
　　　五百元以上六百元以下之獎金。

己、　耕種在五百畝以上者，得按其成績核定相當
　　　之獎金。

丁、農村復興業務之籌辦

我國向係以農立國，物產素稱富饒。乃近歲以還，生產衰落，農村凋蔽，即民食所關之米麥，亦須仰給外國。推其致此之由，雖非一端，而我國農民故步自封，墨守舊法，不知運用科學，改良技術，實為其主要之原因。本行營為辦理農村復興業務之技術化起見，特設置農村復興業務籌辦處，核定暫行組織大綱，遴派富有農林學識經驗之人員，專司其事。現該處已於本年八月組織成立。

農村復興業務籌辦處暫行組織大綱

第一條　　國民政府軍事委員會委員長南昌行營為辦理
　　　　　農村復興業務之技術化起見，設置農村復興
　　　　　業務籌辦處。

第二條　　本處直隸於軍事委員會委員長。

第三條　　本處之職掌如左：

　　　　　（一）關於籌設國營農場及各種試驗研究或
　　　　　　　　製造場所事項。

　　　　　（二）關於農林試驗推廣及繁殖之考察
　　　　　　　　事項。

　　　　　（三）關於種籽、種畜、種禽之改良及其推

廣事項。

（四）關於荒山荒地之調查及墾殖利用
事項。

（五）關於水旱及病蟲害之指導預防事項。

（六）關於農具肥料之研究改良製造方法及
其推廣事項。

（七）關於農村副業及小規模工廠之提倡及
改良事項。

（八）關於農田生方法之調查及指導改良
事項。

（九）關於農田經營之調查及指導改良
事項。

（十）關於農產運銷之調查及改良事項。

（十一）關於田賦捐稅調查事項。

（十二）關於其他一切農村業務技術之指導
及改良事項。

第四條　凡屬第二廳主管之農村教育、農村合作及設
倉積穀、土地處理，暨收復匪區之農村善後
等事務，本處廳盡力協助之。

第五條　本處置主任一人，承委員長之命，受行營秘
書長及辦公廳主任之指導，綜理處務，並監
督所屬職員及附屬機關。

第六條　本處置技術專員六人至十二人，分為兩課。
其課長以技術專員兼任之。並置課員十人至
十四人，分承主任及課長之命，辦理各項技
術業務。其兩課職掌，另以細則定之。

第七條　　本處置秘書一人，辦事員四人至六人，分承
　　　　　主任之命，辦理文書、會計、庶務，以及不
　　　　　屬於第一、二課之事務。

第八條　　本處為訓練各種農業人才，得設訓練班。其
　　　　　辦法另定之。

第九條　　本處因繕寫文件及其他事務，得酌用雇員。

第十條　　本處辦事細則另定之。

第十一條　本條例自呈奉委員長核准日施行。如有未盡
　　　　　事宜，得隨時呈請修改之。

第十　關於司法事項

甲、懲治土豪劣紳條例之頒布

　　查本黨革命，揭櫫全民政治，本以剷除軍閥豪劣，解放民眾為職志，北伐成功以後，軍閥雖逐漸崩潰，而各地土劣，昧於時勢，不因革命之潮流，改變昔日之態度，又以軍事甫定，國家法制尚未大備，不足以遏止之制裁之，一二匪黨不逞之徒，因緣時會，煽其共產邪說，誘惑裹脅，遂成燎原之禍，本行營為永遠奠定社會計，以為不除禍源，無以消隱患，即不去橫暴，無以安善良，爰於二十二年八月，制定懲治土豪劣紳條例，公布施行，地方人民，對於土豪劣紳，得向縣長兼軍法官舉發，由縣長兼軍法官審判後，呈經本行營核准，方得執行，其挾嫌誣陷者，仍依誣告罪處治，頒行以後，剿匪區內各縣土劣，漸漸斂跡，投誠自新者，日益加多，劫後災黎，漸呈昭蘇之象，對於清剿設施，誠可謂裨益匪淺矣。

國民政府軍事委員會委員長南昌行營懲治土豪劣紳條例

第一條　　本行營為肅清匪患，保障民眾利益凡剿匪區內之土豪劣紳，依本條例懲治之。

第二條　　土豪劣紳依左列各款處斷之：

　　　　　一、武斷鄉曲，虐待平民，致死或篤疾者處死刑，或無期徒刑，致廢疾者無期徒刑，或十年以上有期徒刑，致輕微傷害者，三年以上有期徒刑。

二、 恃豪怙勢，朦蔽官廳，或變亂是非，脅
迫官吏為一定，或不為一定之處分者，
處五年以上，七年以下有期徒刑。

三、 逞強恃眾，阻撓政令，或地方公益者，
處五年以上，十年以下有期徒刑。

四、 假借公家名義，派捐派費，從中斂財肥
己，或盤踞公共機關，侵蝕公款者，依
左列處斷：

（甲） 百元以上，未滿五百元者，處一
年以上，五年以下有期刑。

（乙） 五百元以上，未滿千元者，處三
年以上，七年以下有期徒刑，並
得沒收其財產之一部。

（丙） 千元以上者處死刑，或無期徒刑，
並得沒收其財產之一部或全部。

五、 偽造物證指使流氓陷害良善者，處三年
以上，七年以下有期徒刑。

六、 包庇私設烟賭者，處三年以上，七年以
下有期徒刑。

七、 因攤派差役公費，指官訛詐，而剝奪他
人身體自由者，處一年以上，三年以下
有期徒刑。

第三條　　犯本條例之罪者，由縣長兼軍法官審判之。
地方人民對於本條例之罪犯，得向縣長兼軍
法官舉發，縣長兼軍法官有檢舉之責，挾嫌
誣陷者，依誣告罪處斷。

第四條　　土豪劣紳，兼犯別項罪名者，應併合論罪。

第五條　　縣長兼軍法官審判後，應將全卷呈送本行營
　　　　　核准，方得執行。

第六條　　本條例自公佈之日施行。
　　　　　在本條例施行前，犯本條例之罪，未經確定
　　　　　審判者，概依本條例處斷。

乙、各省清理囚犯辦法之頒訂

　　本行營以近年犯罪人數日增，各省囚犯，甚形擁擠，尤以剿匪各省為最甚，為清理囚犯，使服相當勞役，增加生產，無為廢民起見，特制定各省清理囚犯辦法，分別已決未決人犯，並察其有無逃亡之虞，酌量令其在監所內或在外服役，一面改善其待遇，加以訓練，予以相當報酬，令飭蘇、浙、閩、贛、豫、鄂、皖、湘、陝、甘十省政府，會同各該省高等法院，擬具實施計畫寬籌經費呈報本行營核定施行，現各省均已先後擬定計劃，呈准遵辦。

各省清理囚犯辦法

二十三年四月九日頒發

第一條　　國民政府軍事委員會委員長南昌行營為清理
　　　　　各省囚犯，使服相當勞役，毋為廢民起見，
　　　　　特製定本辦法。

第二條　　凡未決人犯，暨年在四十以上，與個性暴
　　　　　烈，或詭譎之已決犯，及確定刑在二年以上
　　　　　者，均按其技能職業，在監所內服役。

第三條　　凡已決人犯，性行純良，年在四十以下，確定刑不及二年，有家室而無逃亡之虞者，均服外役。

第四條　　內役以簡易作業，如織草鞋、毛巾、線襪、縫紉、洗濯、竹木、泥水、皮匠等類為宜；外役以築路、濬河、拖石子，或修繕公署時，充泥水匠等類為宜。

第五條　　囚犯內役，應於監所內籌設簡易工廠，外役應酌派看守若干，以資管束；遇必要時，得以麻繩聯絆之，並商由公安機關派警協同戒護。

第六條　　囚犯服役，應予以相當報酬，並改善其待遇。

第七條　　囚犯除服內外役外，應施以軍事政治訓練。

第八條　　本辦法頒行後，一個月內，各省政府應即依照各規定會同各該省高等法院擬具實施計劃，寬籌經費，呈報本行營核定施行。

第九條　　本辦法就蘇、浙、閩、贛、豫、皖、湘、鄂、陝、甘十省先行試辦，徐圖推展。

第十條　　囚犯移墾辦法另定之。

第十一條　本辦法自公佈日施行，如有未盡事宜，得隨時修正之。

丙、處理收復匪區婚姻辦法之頒行

剿匪區內各省，被匪盤踞地方，舉凡一切禮俗法制，悉被摧毀殆盡，而男女之間，尤形紊亂，彼蓋倡公

妻之邪說，相率而營獸性生活，固無所謂婚姻制度也。
一年以來，剿匪軍事，迭告勝利，本行營以為匪區一旦
肅清，則所有婚姻糾紛，當必隨之而起，然事由錯雜，
又非專恃普通法律，所得持平處理，必須適應此項特殊
情形，另定救濟辦法，應足以維倫常而正禮俗。爰制定
處理收復匪區婚姻辦法，于二十三年六月，通令豫、
鄂、皖、贛、閩、蘇、浙、湘、陝、甘十省軍政機關，
暨各法院，遵照辦理，現贛、閩陷匪各縣，均已收復，
民眾因婚姻而起之糾葛，異常紛繁，均藉此以資解決。
蓋處此特殊情況之時，非有此種特別辦法，實不足以資
應付也。

處理收復匪區婚姻辦法

二十三年六月二十日公佈

第一條　凡匪區之婚姻關係，在收復後請求解決者，依
　　　　本辦法處理之。

第二條　本辦法稱婚姻關係者，指一男一女具有永久共
　　　　同生活之意思，並有同居之事實而言。
　　　　稱匪區者指曾經赤匪盤踞之區域。

第三條　夫妻之一方或雙方被匪他出或淪入匪區另行
　　　　結婚者，不以重婚或通姦論，其婚姻之效力
　　　　如左；

　　　　一、　夫妻雙方於匪區收復後，均願回復原來
　　　　　　　婚姻者，維持前之婚姻，解除後之婚
　　　　　　　姻，但須於一年內請求之。

　　　　二、　夫妻雙方於匪區收復後，均不願回復原

　　　　　　來婚姻者，前之婚姻視為離異。

　　　三、　夫或妻於匪區收復後，願回復原來婚
　　　　　　姻，而他方不願者，維持後之婚姻。

　　　四、　依前項情形前夫得向後夫要求百元以下
　　　　　　之撫慰金，前妻得向原夫要求相當之贍
　　　　　　養費，但前妻已另婚或曾另婚者，不在
　　　　　　此限。

第四條　在匪區結婚二次以上者，不得請求回復中間婚
　　　　姻及撫慰金。

第五條　夫妻之一方於匪區收復後逾一年，無正當理由
　　　　而不歸或無消息者，他方得另行結婚。

第六條　子女扶養由婚姻關係中所生之父負擔，但訂有
　　　　特約者從其特約。

第七條　本辦法無規定者適用民法及其他施行法。

第八條　本辦法自公布日施行。

第十一　關於封鎖匪區經濟事項

甲、封鎖匪區之緣起

　　竄擾贛閩粵及湘鄂贛，與川鄂陝甘各邊區之赤匪，肆其毒燄，鼓其邪說，惑世誣民，妖氛所至，村落為墟。雖迭經派隊剿辦，時予重創；終因匪性狡黠，民氣軟弱，匪即乘虛伺隙，狼突豕奔，到處騷擾，盡情裹脅；雖實力之損傷，物質之缺乏，亦得以隨時擄掠搶刼而不虞匱乏，兼之慣用其鬼域伎倆，威迫利誘，而無所忌憚；以致蔓延日廣，嘯聚益眾，勞師經年，莫克有功。中正奉命率師駐贛，督剿以來，為斷絕匪區物質交通，嚴禁匪區生產物品輸出，堵匪竄擾，防匪潛滋，並扶植民力之育成，堅決人民之仇匪情緒，鞏固自衛之根基，以促進保甲嚴密，及軍事效率起見，即以三分軍事，七分政治之力量，屬行封鎖匪區政策。蓋封鎖政策，即堅壁清野方法，昔人用之，屢奏奇效，稽之史策，不勝枚舉，即最近歐州大戰，協約國所以困德，而得最後之勝利，亦莫非採用封鎖政策，始克奏膚功，是封鎖政策，大有利於軍事，古今無二致也。現在用以剿匪，自足以制其死命；況匪區數年以來，農村受長期之擾亂，人民無喘息之餘地，實已十室九空，倘再予以嚴密封鎖，使其交通物質，兩俱斷絕，則內無生產，外無接濟，既不得活動，又不能竄擾，困守一隅，束手待斃，匪雖狡黠，亦難以施其技矣。此第五次圍剿，所以從戰術上改進，而採用封鎖政策也。惟此項政策，須針對現在匪情，在制匪而不擾民原則之下施行，是以幾經

研討，始陸續釐訂各種封鎖法令，及實施方法與步驟，
頒發剿匪區內各軍政機關遵照辦理。所有辦理情形，另
述於後。

乙、辦理封鎖之情形

　　辦理封鎖匪區，事關剿匪要政，手續至為繁難，事
務尤為瑣細，匪特須群策群力，認真辦理，方克有濟；
並須適應事實之需要，洞悉匪情之變化，隨時隨地予
以適宜之處理，庶可以推行盡利而不致有所捍格。以
故辦理情形，異常複雜。茲特摘其重要者，略分三時
期述之。

（子）自二十二年五月起，至同年十月中旬止，為第
　　　一時期，即本行營成立四廳初辦封鎖時期。是
　　　時匪勢披猖，匪區遼闊，若將整個匪區完全予
　　　以封鎖，乃事實上殊難做到，乃就其急切緊要
　　　者，分別辦理如左。
一、制定封鎖匪區辦法
　　辦理封鎖，非有詳明法規，不足以資遵守，而利進
行，於是訂定封鎖匪區辦法，首先頒發剿匪區內施行；
嗣又以原辦法尚未臻完善，復補訂封鎖匪區補充辦法六
條頒行。
二、劃分封鎖區域
　　匪情以江西為最嚴重，故將江西全省，除南、新兩
縣以外，均劃為封鎖區域，其與贛省毗連省份，如湘、
鄂、皖、閩、粵邊區，接近赤匪之縣份，亦劃以一部份

為封鎖地帶，由各總司令或總指揮，及縱隊司令等，各就所屬地區之匪情，詳細調查明晰，劃分為安全區、半匪區、鄰匪區、全匪區。

三、規定辦理封鎖人員職責

　　凡封鎖區域，由當地駐軍最高級長官主持一切封鎖事宜，並派隊協助，由各地方政府長官負責辦理，各縣團隊及保甲壯丁等負盡量協助之義務，各路各縱隊又劃分師旅團管區，每區由該管區長官負責監督，並由政訓人員負責巡察。

四、成立封鎖機關

　　凡所屬半匪區、鄰匪區各縣，一律設立封鎖匪區管理所，由縣長兼任所長，各交通要隘，設管理分所，由區長或聯保主任兼任分所長；縣區各大小道路或河流，設檢查卡，由各保長督同壯丁隊或義勇隊，輪流檢查。並設立江西食鹽火油管理局，及江西糧食管理局，由本行營委任局長，專為管理江西各縣食鹽火油公賣及糧食統制事宜。在水道方面，成立封鎖贛江豐萬間水道督察處，即自豐城至萬安間，各重要地點，設置檢查卡，配備巡查船，由本行營委派專員辦理，並同時頒佈修正剿匪區內食鹽火油公賣辦法，江西省糧食統制辦法，及封鎖贛江豐萬間水道辦法，以資遵守。

五、關於交通封鎖

　　過去赤匪，所以得刺探軍情者，實由於交通無阻，檢查不嚴所致，故對有交通封鎖，須特別嚴密，凡全匪區除負有特別任務，並攜有特證者，准其進出外，其餘絕對禁止，即半匪區、鄰匪區地帶，無論何人往來，均

須持有證照，方可通行。對於全匪區之郵電，一律停止拍發轉遞，半匪區、鄰匪區地帶，均設有郵電檢查所，並訂定剿匪區郵電檢查暫行辦法頒行。

六、關於物質封鎖

各種物質，嚴禁向匪區運輸，匪區物品，亦絕對禁止輸出，凡物質之運輸、購買、屯積，均予嚴格限制。其重要日用品，如食鹽火油電料藥品等，並集中公賣，糧食亦屬行統制，軍用品非有最高軍事機關證明執照，不能購運。一面舉行收穫運動，由各地駐軍，酌派相當部隊，掩護民眾，深入匪區，收割匪禾，使之收穫絕望，並訂定匪區割禾辦法頒行。

七、派員視察指導

各屬辦理封鎖人員，對於封鎖法令，每多誤解。即由本行營委派封鎖監察員八人，分赴江西各縣考察，就近督促指導，以免貽誤，而期嚴密，以上屬第一期辦理之情形也。

（丑）自二十二年十月下旬起至二十三年五月中旬止，為第二時期。即本行營改組四廳後，由第二廳負責主辦時期，亦即封鎖整理時期也。斯時各處封鎖機關，均已次第成立，人民對於封鎖政策，亦有相了解，匪區物質經濟，已陷於極度恐慌，擄掠竄擾，均所難能，赤匪距滅亡之期，本可計日而待。無如適逢閩變發生，閩逆甘冒不韙，接濟匪區大批物質，以致匪得苟延殘喘。而各處辦理封鎖，咸受重大影響。蓋因各處辦理封鎖人員，

往往藉端鬆懈，甚至流弊叢生，匪得乘機偷運，不惟民不堪擾，幾致貽誤整個機宜，若不加以整理，影響所及，誠非淺鮮。特繼續第一期辦理情形，分別整理如左。

八、防制舞弊

各縣辦理封鎖公賣人員，多有藉公賣操縱漁利，勾串舞弊情事，即由本行營通令責成各部隊長官，切實負責主持：各政訓人員與軍隊切實巡察監督，規定查有舞弊人員，即解交軍法處審判。

九、減低鹽價

自公賣成立後，各屬多藉口經費支絀，抽收鹽附捐，充作地方費用，以致鹽價高漲，人民無形中加重負擔。當即通令各屬，限期取銷鹽附捐，減低鹽價，改用市秤；一面令飭公路處減低運鹽車費，及各分會有因繞道購鹽，增加鹽價情形，准予變通購鹽區域，並訂定各縣分會變通購鹽區域辦法頒行。

十、劃一名稱

自封鎖匪區辦法及修正食鹽火油公賣辦法先後頒行以來，各處均依法成立封鎖機關，及公賣機關，以專責成。惟組織紛歧，名稱互異，殊不一致，特核定江西封鎖管理組織所規則，及修正江西各縣食鹽火油公賣委員會及分會組織大綱，頒發遵行，並規定封鎖機關名稱及符號，以資整理而昭劃一。

十一、撥款補助

江西各縣印刷購鹽憑單，為數頗多，每因經費無著，延不遵行，嗣經嚴令督促，乃濫行抽費，而不肖保

甲長，又復從中漁利，民不堪擾，特由剿匪治標費項下，撥給銀二萬五千元，為江西各縣印製憑單補助費，按照各縣呈報戶口總數，由江西財政廳核發，一面限制證明執照收費標準，以杜流弊。

十二、製發各部隊購鹽憑單

　　凡各駐軍購辦食鹽，應將人數及所需總量，函報當地縣政府核給憑單，就各縣會或分會購買，在修正公賣辦法原有規定，嗣因各地駐軍，以此項辦法，多感不便，未能切實遵行，頗滋流弊，經本行營斟酌情形，特為改訂剿匪部隊食鹽購運限制辦法頒佈施行，所在江西剿匪各部隊，應將官佐士兵伕役人數，及每月需用食鹽數量，呈報本行營查核，轉令江西食鹽火油管理局，按月印製購鹽憑單，由各部隊領用，自是以後，封鎖益臻嚴密。

十三、設立閩省封鎖事務股

　　閩變發生後，封鎖廢弛，影響甚大，當即一面削平閩亂，一面對於封鎖，方加督促，嚴行整理，並由本行營選派熟諳法令明瞭情形之辦理封鎖人員，駐閩主持，設立封鎖事務股，隸屬於保安處，專事整理閩省封鎖事務。

十四、繼續派員考察

　　各屬辦理封鎖事務，中經閩變，不免有鬆懈之處，特繼派監察員二十七人，分赴江西各縣考察；並派農村合作社學員一百零四人，以考察農村名義，分赴江西各縣，暗中調查各處辦理封鎖情形，俾明真相，而便督促，頗著相當成效。以上屬第二期辦理之情形也。

（寅）自二十三年五月中旬，至二十三年十一月止，為
　　　第三時期。即本行營第二廳添設第五課辦理封鎖
　　　時期，亦即加緊封鎖時期也。在此期間，因封鎖
　　　之效果，促進軍事進展，收復失地日多，匪區日
　　　漸縮小，為使剿匪工作早觀厥成計，對於各處封
　　　鎖，繼續第二期工作，特別加緊辦理如下。

十五、製發購運鹽油糧食證照

　　本行營為集中權力，加緊工作，辦理封鎖迅速有效
起見，特將江西食鹽火油管理局及糧食管理局裁撤，全
部事務，歸併第二廳第五課辦理，所有購運鹽油護照，
各部隊購鹽憑單，糧食運輸證，米穀輸入輸出許可證等
項，前由兩管理局製發者，概改歸本行營製發。

十六、整理贛江封鎖

　　贛江直貫江西全省，支流紆曲，港汊紛歧，往來船
舶甚夥，偷運孔道尤多，原成立封鎖贛江豐萬間水道督
察處，係以萬安為止，嗣因萬安以上，防廣兵單，不無
疏漏之處，尤以贛縣境內，幾成赤匪偷運要道，若不加
以整理，誠恐影響全部，即行訂定整理贛江鎖封計劃大
綱，分飭沿贛江各軍政機關，協同整理，同時將封鎖線
延伸至贛縣所屬之江口，改為贛江封鎖督察處，由樟樹
移駐吉安，以便居中指揮。

十七、成立查緝隊部

　　贛江封鎖，既延伸至贛縣，所有檢查巡查事務，自
必加增，原由江西水上公安局臨時分調部隊，及沿江各
縣加派團警協助，實不足敷分佈，特調派江西保安隊兩

中隊，組織查緝隊部，歸督察處指揮調遣，專負查緝之
責，並由運輸處增派大輪，配備武裝士兵，嚴密弋巡，
以固封鎖。

十八、核准閩省封鎖推進辦法

　　自閩省設立封鎖事務股，委派專員辦理以來，對於
閩省封鎖事宜，特別注重，以便與江西封鎖同時積極進
行，當由該股擬定推進辦法，將閩北、閩西、閩南各
縣，劃為鄰匪區半匪區共計二十八縣，一律成立封鎖機
關，依照核准推進辦法，切實施行。

十九、成立汀江兩封鎖督察處

　　閩省赤匪偷運孔道，以汀江為最。自汀江之青溪、
峯市、新峯灘，永定之西洋坪，上杭之白砂舊縣，至
下游韓江廣東所屬大浦一帶，時有奸商匪徒，偷運大
批食鹽，及貨物接濟赤匪，併秘密組有護運隊，隨同
護運，倘不加以封鎖，閩省封鎖，幾失其效力，當即
制定浦杭永及汀杭線兩督察處組織規程，成立浦杭永
及汀杭線兩督察處，責令由東南兩路總司令分別派員
負責辦理，經費由本行營發給，自汀江封鎖後，而赤
匪偷運之道已絕。

二十、成立漳江、閩江兩督察處

　　閩省重要水道，除汀江外，尚有漳江、閩江兩水
道，同時成立漳江、閩江兩督察處，由閩省政府主持派
員負責辦理，經費由行營補助，自是閩省水道封鎖，益
加嚴密。

廿一、委派專員指導

　　贛江、汀江所設督察處，甚關重要，均經本行營

委派熟悉辦理封鎖人員分赴各該督察處，詳為指導，
以臻完善。

廿二、設立長期監察員

　　封鎖匪區，必須廣耳目之寄，嚴督察之方，俾得明
瞭各處辦理情形，隨時予以適宜糾正，方克有濟。前二
期雖派有監察員，分赴各縣考察，惟均屬臨時性質，未
能予以充分時間，以致考察間有未週，而各處實認真
辦理者，固不乏人，其因循敷衍，違法溺職者，亦在所
難免，乃改設長期封鎖監察員二十人，分赴江西辦理封
鎖各縣考察，浙邊、皖邊各縣，亦各派一人前往考察，
以期嚴密。嗣又據駐閩封鎖事務股之呈請，復於派赴江
西各縣考察之封鎖監察員二十人，中抽調七人，分赴閩
西北各縣考察，以免此張彼弛。並訂定封鎖匪區成立監
察員服務規則，以資遵守。

　　以上屬第三期辦理情形也。此外若法令之補充解
釋，表冊之釐訂頒發，事項頗多，未遑枚舉。至封鎖之
效果，另詳丙項。

丙、封鎖所收之效果

　　封鎖匪區，固為消極之困匪策略，抑亦積極制匪死
命之有效方法。自屬行封鎖以來，匪區交通物質，兩俱
斷絕，匪眾心理，日益離散，勢成釜底之游魂，終歸消
滅之一途。蓋以交通封鎖之嚴密，消息完全斷絕，我
軍行動，無法刺深，赤匪慣用避實就虛之故技無所施，
以故迭遭慘敗。益以封鎖機關，櫛比林立，碉樓圍寨，
星羅棋佈，不惟不能偷漏，而且掠無可掠，所用遊擊騷

擾之計亦窮。因之經濟恐慌，物質缺乏，匪眾數日難得
一飽，食鹽更屬缺乏，以致疾病叢生，死亡相繼，減少
作戰力量，影響團結精神。尤以一般匪眾，對於匪首，
因此而怨望日深，投誠反正日多。雖屢用鬼蜮技倆，以
重金勾買無知商民，多方偷運，藉以苟延殘喘，終因封
鎖嚴密，得以隨時破獲。如上饒縣之查獲以棺木運鹽，
南城縣之查獲以糞桶底夾鹽，吉安縣之查獲以夾籮底裝
鹽，贛江督察處之查獲以長竹竿藏鹽，此其偷運之方法
甚巧，而破獲之手續較難者。其餘平常破獲偷運案件繁
多，實不勝枚舉。赤匪以偷運既不可能，乃不惜向匪區
人民作尖銳之搜刮，增加捐至十餘種之多，每人每月出
款，至數元十數元不等，並一再發行公債票，推行合作
社，以搶劫行為舉行借穀運動，以節省消耗辦法，強迫
老弱殘廢出境，其最使人民難堪者，即節省糧食，勒令
匪區所有民眾，每人每日節食一餐，以接濟匪眾。此外
尤足以制匪死命者，則為破獲汀江流域及贛江上游之江
口兩個偽貿易局，該兩處以前，因防廣兵單，及閩變關
係，未能嚴密封鎖，匪得乘機偷運，閩變敉平，乃專設
汀江兩督察處，並將贛江督察處封鎖地段延伸至江口以
上，自經此次各處嚴密封鎖後，即先後破獲偽貿易機
關，並捉獲偽中央經理主任張子安一名，查封永定匪店
四間，大埔匪店二間，食鹽二萬餘斤，銀洋一萬餘元，
自是赤匪在閩贛偷運孔道已絕，而匪區經濟物質，俱陷
於絕境，故赤匪老巢江西瑞金，亦經收復，而赤匪乃不
得不拚命西竄，以圖最後之掙扎。以上情形，均係迭據
各方呈報有案。而投誠歸來曾任偽湘鄂贛軍區總指揮兼

任偽紅軍第十六軍軍長孔荷寵報告，尤為詳盡。其餘俘虜投誠者，亦莫不異口同聲，均稱感受物質缺乏，忍飢挨餓之痛苦而來歸。似此封鎖確已收效，赤匪之總崩潰，僅時間問題耳。此外因辦理封鎖，藉以促進保甲組織，養成人民自衛習慣，又可革除人民畏匪心理，堅決仇匪情緒，聯絡軍民情感，裨益於剿匪軍事政治之進行也良多。現本行營刻仍加緊督促嚴屬進行，以竟剿匪全功。茲將重要各項封鎖法令，及圖表附後。

封鎖匪區辦法

二十二年五月三十一日南昌行營頒發

查赤匪竄擾贛粵閩，及湘鄂贛邊區，雖經先後派隊進剿，迄未撲滅，茲為加緊封鎖，斷絕區匪接濟，俾易收肅清之效計，特訂本辦法。

（一）通則

甲、區域之劃分

一、凡全係赤匪盤踞之地方，謂之全匪區。

二、凡常有匪患之地方，謂之半匪區。

三、凡鄰近匪區之地方，謂之鄰匪區。

四、凡全無匪患之地方，謂之安全區。

以上各地區劃分，應由各路總司令，或總指揮，及縱隊司令官等，各就所屬地區之匪情，詳細調查明晰劃分，更須按剿辦進展情形，隨時修正之。

現在匪區闊遼，總封鎖須待時間，應先就其能實行者，由各地方政府負責辦理，各路、各縱隊，應劃分師、旅、團管區，每區由該管區長官，負責監督，並由

政訓人員，負責巡察。

　　乙、物品之區分

　　　　一、凡屬武器（如槍砲、彈藥等）、裝具（如
　　　　　　軍服等）、藥品，及堪製造此三項之原
　　　　　　料（如鋼、鐵、銅、鉛、硝類、礦類、
　　　　　　皮革、布疋等），並軍用物品（如有無
　　　　　　線電機、汽油、機油、電料等），統謂
　　　　　　之軍用品。

　　　　二、凡日常所用之物品，如油鹽米糧及燃料
　　　　　　等，總謂之日用品。

（二）物質之封鎖

　　甲、運輸之限制

　　　　一、無論軍民人等，凡運軍用品，至半匪區、
　　　　　　鄰匪區，須向各該區，所隸之最高軍事
　　　　　　機關，呈請核准發給執照，或證明書，
　　　　　　方可查驗通行，無者，隨地軍警團隊，
　　　　　　均得扣留。

　　　　二、由安全區，運日用品，至半匪區、鄰匪
　　　　　　區，須有當地公法團，或合組之公賣委
　　　　　　員會證明執照，但整批物品之運送躉售
　　　　　　地點，應以該地有駐軍者為限，再由此
　　　　　　駐軍地點外運，僅限於零星物品，且須
　　　　　　有當地區長，或聯保主任、保長，購買
　　　　　　許可證，足資負責證明者，方可通行，
　　　　　　否則絕對禁止之。

　　　　三、凡河道兩岸，均有匪患，或一岸尚有匪患

危險者，停止船筏運輸貨物，其河道原可
通運，某一段偶有匪患之顧慮時亦同，又
陸路上貨物之運輸，亦準此辦理。

乙、屯積之限制

一、凡鄰匪區、半匪區，其固守之圩寨，未築
完成，無力保守屯積以前，無論商民，不
准存聚大宗米鹽，及可供軍用品之一切原
料，即屬當地出產，亦應移運安全區，或
有大部駐軍地點存儲，藉資保守。

丙、購買之限制

一、凡鄰匪區、半匪區居民，購買日用品，須
由各保長，統計本保實有人口，每月所需
數量，按月或按旬，代為購買發給之。

丁、公賣會之設立

一、凡鄰匪區、半匪區，日用品之食鹽洋油，
及民眾衛生之藥品，應由縣公法團，組織
公賣委員會（其重要市鎮則歸區長或聯保
主任或保長組織），審核本區逐月需用量
數，填發購買許可證，向安全區商會證
明，予以採購，並審核重要市鎮所屬各
保，逐月應需數量，分別賣給之，但在有
匪襲顧慮之村鎮，則須限制其購買量，
各公賣委員會，設立登記各該區保人口實
數、需用量、儲存量、發賣數量各簿，
以備查考。

戊、負販之取締

　　一、凡鄰匪區、半匪區，向業負販日用品之
　　　　商人，應由封鎖匪區管理所（分所），
　　　　一律令其往安全地區營業，在鄰匪區，
　　　　或半匪區各鄉，禁止負販，違者沒收其
　　　　貨物，並予以嚴懲。

（三）郵電之封鎖

　　一、凡全匪區出入郵電各局，應一律停止拍
　　　　發轉遞。

　　二、鄰匪區、半匪區郵電，應由當地封鎖匪
　　　　區管理所（分所），會同駐軍派員檢查，
　　　　視為可疑者，即予扣留。

（四）交通之封鎖

　　一、全匪區，除負有時別任務，並持有特證
　　　　者，准其進入外，其餘絕對禁止，違者，
　　　　捕獲送當地縣政府究訊。

　　二、由全匪區外出者，如經過檢查，係逃出
　　　　良民，及匪部自新者，悉由團隊派兵，押
　　　　送當地縣政府訊明處理外，如認為行跡可
　　　　疑，或屬匪探，立即捕送當地軍事長官嚴
　　　　訊，分別懲治。

　　三、凡半匪區、鄰匪區，任何人往來，均須
　　　　持有當地保長等所所發之通行證，無者
　　　　扣留查辦。

（五）封鎖機關之設立

　　一、凡鄰匪區、半匪區各縣，應設封鎖匪區管

理所，並於縣中交通各要隘，設分所，由
縣長、區長（或聯保主任及保長），分任
所長（分所長），均直屬於行政專員，地
方團隊，應負儘量協助之責。

（六）檢查巡察及監督辦法

一、凡鄰匪區，各大小道路，或河流，由封鎖
管理所，或分所，設卡檢查，並不斷派人
在中間地區梭巡，地方團隊，負協助執行
之責，政訓人員，與軍隊，負常川監督巡
察之責。

二、凡半匪區、鄰匪區，軍警團隊，均應特
別注意查察人民之行動。

三、凡封鎖區域，由本行營派員，分段負責
監督考察。

四、凡封鎖區域，當地軍隊最高級長官，應負
責主持封鎖一切事宜，並派隊協助之，其
設所、設卡，地點，由各路總部，或縱隊
司令部，用圖上指定大略，限於本月內，
一律實施，並呈報行營備查。

五、凡兩剿匪區接合處，應由剿匪總部，互相
切實商定聯絡巡察辦法，兩縣交界處（隔
省者同）應由兩地方政府，會同商定，負
責辦理，不得有所脫漏。

（七）獎懲辦法

甲、獎賞

一、在封鎖期內，查獲各種禁止買賣日用品，

除將當事人記功外，准按其代價，以百分
之五十充賞，餘作充公，移作地方公共補
助費用，將查獲之軍用品繳呈行營，由行
營批定代價先行墊發賞金，一俟變價後再
行歸墊。

乙、懲罰

一、凡封鎖期內，犯左列各款之一者，應予
槍斃。

1. 與匪通消息者。

2. 與匪私相買賣者。

3. 偷運貨物濟匪，圖重利者。

4. 查獲濟匪貨物，隱匿不報圖吞蝕者。

5. 對於封鎖職責，奉行不力者。

二、如查獲匪探，或濟匪物品，其經過偷漏
路線，由乙卡而至甲卡，為甲卡查獲，
則應將乙卡卡所長，以縱匪通匪論罪，
其應負責監督之軍事長官，及應負責巡
查之政訓人員，亦應受相當處分。

三、如公賣會，或負責承辦封鎖各項人員
有高抬物價，敲詐良民，藉端歛財者，
一經查覺，或被告發，亦應由其上級機
關，從嚴懲處。

（八）附則

一、本辦法經頒發後，各剿匪區域，軍事高
級機關，及地方政府，均應按照實施，
或因時期與地方情形不同，亦得稍事變

更辦法，但以不違背本辦法之要旨與精
神為限。

二、前由贛粵閩邊區剿匪總司令部所頒發之
封鎖匪區綱要，奉到此辦法後，即行
廢止。

封鎖匪區補充辦法

二十二年七月四日頒發

甲、物質之封鎖

第一條　　凡農民種子，如棉種，及雜糧種子，與牛馬
牲畜等，均應特別注意，嚴禁向匪區輸運。

第二條　　匪方生產貨物，絕對禁止輸出，不使其經
濟得以流通，但如查獲匪區運出物品，得
沒收之。

第三條　　鄰近匪區之商人，每有呈請政府發給通行路
單，繞道運貨濟匪之弊，此後，凡由甲地運
送貨物至乙地，重量在五十斤以上者，應將
經過路程，到達日期，在路單上註明，並取
具乙地收條，帶回甲地，呈繳封鎖機關備
查，以資取締。

第四條　　凡封鎖之河道，除贛河之豐吉萬間，由本行
營派兵艦檢查外，其餘各省縣河道，由該管
最高軍事長官，酌奪情勢，督飭團警，分段
設置檢查。

乙、檢查及監督辦法

第五條　　封鎖區域，及監督考察事宜，除贛省境內，

由本行營派監察員，分段監督考察外，其閩粵湘鄂邊區，暫由南路、西路總司令部，派員監督考察之，但各剿匪部隊，及地方政府，對此項監察人員，有商同處理，及協助保護之責。

丙、查獲匪物之處理

第六條　各地封鎖機關，查獲之匪物及犯人，均應隨時報請當地最高長官處理，惟匪物變賣之價值，仍應照原辦法分別充公充賞，不得提扣中飽，並須每月將處理此項情形，列表呈報本行營備查。

修正剿匪區內食鹽火油公賣辦法

二十二年八月十四日頒發

第一章　通則

第一條　為斷絕匪區食鹽、火油，嚴防偷漏起見，特依據封鎖匪區辦法第二項之規定，訂定本辦法，在半匪區及鄰匪區之匪區適用之。

第二章　食鹽、火油種類之區分

第二條　食鹽，分食鹽及食鹽代替品（如各種醬菜、醬汁及罐頭、蔬菜等）兩種，簡稱為食鹽。

第三條　火油，分汽油、機油、洋油及洋油代替品（如洋燭、臘燭及燃燒油類均屬之）四種，簡稱為火油。

第四條　前兩條所稱代替品，非至必要時得不公賣。

第三章　食鹽、火油公賣性質及組織法

第五條　　食鹽與火油公賣，採用官督商辦性質，各縣設立公賣委員會，或分置按全縣或全區所需食鹽、火油，招集鹽商油商，集資買賣，並監督其收支，限制其售賣數量，在匪情較重之省份，得設食鹽火油管理局，管理全省食鹽、火油公賣事宜，其組織規程另定之。

第六條　　各縣公賣委員會（以下簡稱縣會），由縣政府、縣商會及其他各公法團，共同派員組織之，於各區各重要市鎮，設公賣委員分會（以下簡分會），由區公所，及重要市鎮商會，各聯保主任，或保長組織之，受縣政府，或各該區區公所之指揮，奉行斷絕匪區食鹽與火油之一切命令，在設有管理局之省份，各縣會及分會，並應受管理局之監督指揮，至各縣會及分會之組織簡章，由各縣縣政府，斟酌當地情形，分別加訂，呈報主管財政廳，及保安處，或管理局核定之。

第七條　　各縣會，如因縣城交通不便，得設商業繁盛近於安全區之重要市鎮，但食鹽與火油之屯積，以有駐軍之地點為宜。

第八條　　各縣會，及分會，公賣之食鹽與火油，得按照種類，分為若干組售賣之。

第九條　　各縣會及分會之負責辦事人員，除管理款項之會計，由出資商人公推，呈請縣政府委任外，其餘悉由各鹽商油商共同派充之。

第十條　　各縣會分會委員，及各鹽商油商，與所派之

　　　　　公賣辦事人員，均須覓取妥保，出具保結，
　　　　　呈送縣政府備案。
第四章　　經費資本贏利之規定
（子）經費之規定
第十一條　各縣會及分會之委員均為無給職，會計及辦
　　　　　事人員薪金，均由鹽商油商公議支紿之。
第十二條　各縣會及分會之郵電筆墨紙張，及其他辦公
　　　　　費用，得於贏餘（以十成計算）項下，提存
　　　　　二成開支，按月公佈，如有剩餘結存之，不
　　　　　足時，則在結存數內支付。
（丑）資本之規定
第十三條　販運食鹽與火油之資本，由出資販鹽與販火
　　　　　油之商人，交由公推之會計負責經理之，此
　　　　　項資本，除販運食鹽與火油外，不得移作其
　　　　　他用途，並不准任何機關團體或私人，挪借
　　　　　分文。
第十四條　各鹽商與油商，如欲提取資本時，須俟販到
　　　　　之食鹽或火油售出後，酌量成份發給之，如
　　　　　係經理，或分銷之火油，得照外商協定，按
　　　　　期付給之。
第十五條　出資退資手續，除經理或分銷之火油，應照
　　　　　外商協定辦理外，其餘由公賣會，與出資販
　　　　　鹽或販火油之商人協定行之，並呈報縣政府
　　　　　備案。
（寅）贏利之規定
第十六條　各縣會分會，公賣食鹽與火油之贏餘利息，

除提二成作為必要之開支，並酌提會計及辦事人員之獎金外，其餘則按資本之多少，平均分配之。

第五章　販運買賣食鹽與火油之限制

第十七條　各縣會分會，應會同縣政府，或區公所，將全縣，或全區人口數，及所需食鹽或火油數量，調查清楚，分別製表張貼，至購買食鹽、火油時，縣會應將購買數量，及地點，先行呈報縣政府，請領購買食鹽，或火油護照，持往採辦，分會亦應呈報區公所，請領購買許可證，持往縣會採辦，但每張護照，或許可證，只准用一次，並限期徹銷之，各地軍警團隊，對於鹽商及油商所攜之護照，或許可證，須核對其數量，遇有夾帶情事，得扣留追究之，茲將各縣會及分會，每次應進食鹽與火油數量，限制如左。

（一）縣會，距匪較遠，有軍隊防者，每次購進食鹽與火油，不得超過總人口半月之食用量，如有赤匪出沒，並無駐軍者，不得超過總人口五日之食用量。

（二）分會，距匪較遠，地方駐有軍隊者，每次購買食鹽或火油，不得超過該區總人口十日之食用量，如有赤匪出沒，或確認如有匪擾之虞者，不得超過五日之食用量。

前項護照，在設有管理局省份由局製交各

縣政府慎發，其未設局省份，即由縣政府
自製慎發，至許可證，則由各縣政府製交
各區公所慎發，護照許可證式樣另定之。

第十八條　各縣會或分會，用護照或許可證，購運食鹽
火油時，須注意前進路線是否安全，如各縣
政府各地方駐軍團隊，認為有重大危機者，
得阻止前進，或令折回。

第十九條　凡公賣食鹽與火油，各縣會，僅躉售於各分
會，而不直接售於散戶，分會，除船戶外，
則僅售於該區內之住民而不旁售於鄰區，並
應按照左列各項，加以限制。

（一）各縣政府，應製備購買憑單，編列字
號，加蓋縣印，發交各區長承頒，轉
發各保甲長負責，分給於食戶，或用
戶，不得需索分文，此項憑單僅作購
買食鹽與火油之用，其式樣另定之。

（二）購買憑單，正面各項由保甲長負責填
明，簽名蓋章，並限制每戶填給一
張，每人每日食鹽以四錢或五錢為度
（食鹽代替品以三錢抵算一錢），洋
油，則按人口之多少定其數量，十口
以上為大戶，每日不得過半斤，五口
以上為中戶，每日不得超過四兩，不
滿五口者為小戶，每日不得超過二兩
（洋油代替品仍以一兩抵算一兩），
商店工廠得向保甲長及分會陳明核定

增加購買，但不得超過住戶各等級之一倍，在鄰近匪區，常有赤匪出沒之區，每戶每次購買食鹽或火油，不能超過五日之所需，如距匪較遠亦不得超過十日之所需，各公賣會按照憑單數量發售後，即將憑單背面，註明發售月日及品名數量後，仍交購買者攜去。

（三）購買憑單，只能在該區區域以內之公賣會，購買食鹽與火油，凡甲區所發憑單，至乙區購買者，或無單購買，或單內塗改數量，各公賣會，應絕對禁止售賣。

（四）凡憑單遺失者，該用戶或食戶，應立即開明號碼報由保甲長，特報該公賣分會停止該單購買權，然後覓取妥保，請求補發許可證，或護照遺失，亦應立時通知購賣地點，聲明作廢，並報縣政府備案，非經該縣會，或分會，全體委員之證明，不得補發。

（五）各住戶購賣食鹽與火油，分會應核對憑單內之日期，與數量，如每月超過定限五日量，則不發售。

（六）凡食戶或用戶之憑單，須妥為保存，不得貪圖漁利，私自轉賣，並不得撙節食鹽與火油，躉賣於人，如拾取他

人之證照憑單，應即繳呈公賣會，不
得利用冒購。

（七）各保甲戶口，如於異動時，各保甲
長，應立時通知該公賣分會，並將該
憑單，換發或撤銷。

第二十條　凡購買食鹽與火油，應照後列各項手續辦
理之：

（一）住戶購買食鹽火油時，須持憑單，向
指定之公賣分會購買，如商店工廠或
住戶有特殊情形，必須增減購買數量
時，應將實在情形，向保甲長聲明，
往保甲長查明屬實，通知分會核准
後，即在單內特別註明，以憑購買，
如保長甲，亦不得有故意留難或把持
操縱情事。

（二）各地駐軍，及政府各機關團體學校，
購辦食鹽火油均應將人數，及所需總
量，函報當地縣政府，核給憑單，就
各縣會，或分會，均可購買。

（三）船戶購買食鹽與火油時，應在原籍，
或進入半匪區、鄰匪區時，請領通行
證（即通行路單）及購賣憑單，（憑
單上保甲仍填原籍保甲，戶主改船
主，全戶改全船）按照每日應需數
量，向沿途分會購買，每次購買數量
限制，與各當地限制住戶購買數量

同，絕對不准多購，但分會應核對通
行證往過地點，及人數，與憑單載所
是否相符，並於憑單備考欄內，將售
賣地點註明。

第二十一條　各縣會及分會，應製備各種登記簿，將各
該區人口實數、需用量、存儲量、發賣數
量，分別登記，於每屆月終，呈報縣府查
核，各縣政府，應將每月向外購買食鹽與
火油數量及地點，並銷售食鹽火油數量，
呈報省政府，或併報管理局查核。

第二十二條　本辦法第十七條所定縣會分會每次購買數
量，與第十九條第二項所定，住戶每次購
買數量之限制，由各縣縣長商請當地軍事
最高級長官，斟酌地方情形決定，通飭遵
照辦理。

第六章　鹽商及火油商剩餘之食鹽與火油處置法

第二十三條　在縣會或分會未成立以前，各鹽商與火油
商人，剩餘之食鹽火油　屬於縣會，或分
會成立之日，交出集合公賣，其贏餘利
息，除提一成作為公賣會必需之開支外，
其餘悉按其交出數量之多少，平均分配並
公佈之。

第七章　食鹽與火油之價目

第二十四條　食鹽火油價目，不得高於市價，並不得增
加任何捐款，須由縣會，斟酌分別規定，
呈報縣政府轉報財政廳或管理局核准公佈

週知，如有私擅減抑斤兩，攙和雜質，或
提高價格情事，准由人民告發重懲。

第八章　檢查辦法及緊急處置法

第二十五條　各縣政府應於各要隘地點，責成各區保
　　　　　　甲，及團隊認真檢查，並按照封鎖匪區辦
　　　　　　法第六項之規定，切實辦理之。

第二十六條　凡有匪來襲之處，得由縣長區長或保甲
　　　　　　長，宣佈緊急處置，如縣會或分會，須立
　　　　　　將所存食鹽火油，搬運存儲於安全地帶，
　　　　　　如撥運不及時，須立即倒入河塘中以毀棄
　　　　　　之，各戶須將所存食鹽掘地埋藏，火油則
　　　　　　傾入陰溝以免為匪掠奪，如縣長或區保長
　　　　　　處置失當，致受無意義之損失者，往省政
　　　　　　府或管理局查明後，應分別懲戒。

第九章　獎懲辦法

第二十七條　各縣會分會辦事人員之確有成績，而毫
　　　　　　無流弊發生者，得由縣長考核存記，呈
　　　　　　請省政府或管理局嘉獎，如查獲無照無
　　　　　　證無單三買賣私鹽與火油，除將當事人
　　　　　　記功外，並按照其代價，以百分之五十
　　　　　　充賞，餘則充作縣政府，印刷護照憑單
　　　　　　許可證之費用。

第二十八條　各縣會分會之委員，各鹽商，各火油商
　　　　　　人，各辦事人員及各區保甲長，各民眾，
　　　　　　犯左列情事之一者，應分別情節輕重，予
　　　　　　以槍決或嚴辦。

（一）利用護照許可證憑單運輸食鹽與火油濟
　　　匪者。

（二）以護照許可證憑單轉賣漁利者。

（三）無照，無證，無憑單，買食鹽火油，經
　　　查實者。

（四）油商鹽商剩餘之食鹽、火油於總會分會
　　　成立之日，匿不交出，私自出賣者。

（五）拾取他人遺失之證照憑單，並不繳縣會
　　　或分會，持之冒過購食鹽與火油者。

（六）買戶購買量，超過其需用量五倍以上，
　　　而無相當理由者。（但在公賣會未成
　　　立以前存有多量鹽油向保甲長聲明者
　　　不在此限）

（七）有前項情事，而縣會或分會經手人不加
　　　限制，聽其摧去者。

（八）買戶撙節食用，積存食鹽與火油十斤以
　　　上躉賣於人，經查獲者。

（九）於護照許可證以外，夾帶油鹽，其數量
　　　超過護照所載數量十分之一以上經查
　　　獲者。

（十）各區保甲，及團隊檢查不力，確有得賄
　　　賣放之重大嫌疑者。

第十章　附則

第二十九條　本辦法施行後各縣大小鹽商及火油商人，
　　　　　　應一律停止自由販賣。

第三十條　　前由本行營頒發之剿匪區內各縣食鹽火油

公賣辦法，奉到本修正辦法，即行廢止。

附註：原辦法十七條規定購運食鹽火油護照「在
　　　設有營理局省份，由局製交各縣政府填
　　　發；其未設局省份，即由縣政府自製填
　　　發」。現經本行營以治字第七九零六號通
　　　令修改如下：「茲規定購運油鹽護照，致
　　　由各省保安處印發，交各縣政府填用；但
　　　屬江西省轄境內，仍由本行營製發。」

江西省糧食統制辦法

二十二年八月廿四頒發

第一章　通則

第一條　本辦法，為實行斷絕匪區糧食之供給，並平
　　　　準糧價，調節民食起見，依封鎖匪區辦法第
　　　　二項之規訂定之。

第二條　本辦法，適用於半匪區，及鄰匪區內各縣
　　　　區，前項半匪區及鄰匪區之劃分，由軍事委
　　　　員會委員長命令定之。

第三條　凡半匪區及鄰匪區內，糧食之運輸買賣，及
　　　　屯儲除依封鎖匪區辦法辦理外，概照辦法規
　　　　定行之。

第四條　本辦法所稱糧食，包括米穀石麥類（麵粉在
　　　　內）豆類小米高粱玉蜀黍，與薯芋雜糧。

第二章　管理機關

第五條　管理江西省糧食統制事項，設立江西糧食
　　　　管理局，（以下簡稱糧食管理局）直隸於

軍事委員會委員長南昌行營，其組織規則
另定之。

第六條　各縣及各村鎮管理糧食統制事項，以封鎖匪
區管理所及分所，兼辦之，惟糧食管理局，
為謀管理之嚴密，於必要時得呈請設置各縣
管理員，其職責另定之。

第七條　糧食管理局，為全省最高糧食管理機關，負
指揮監督各縣政府，各封鎖匪區管理所及分
所，辦理糧食統制事宜之責，並與其他軍政
機關，隨時商酌之。

第三章　運輸統計

第八條　無論何人，不得直接或間接供給匪區或匪徒
以任何糧食，違者依封鎖匪區辦法第七項一
款之規定，應予槍斃，並得查抄其產業。

第九條　凡半匪區，及鄰匪區縣分之人民，由該縣甲
區運輸糧食至乙區，或由乙區運至甲區，在
一石以上者，事先須向各該區封鎖匪區管理
所，或分所，或聯保辦公處，請領糧食運輸
證，方准通行，違者將全部糧食沒收，並嚴
重處罰，其沒收糧食，以百分之五十獎勵在
事出力人員，所餘之數，充該管組獲地之管
理所，及分所，或聯保辦公處，辦公費用，
並隨時造報糧食管理局備案，其沒收數額，
在百石以上者，應專案呈報糧食管理局，請
示發落。

前項糧食運輸證，由糧食管理局製定樣式，

分發各縣封鎖匪區管理所翻印，發與各分所，依照糧食運輸證發給規則轉發請領人，其規則，由糧食管理局另定之。

第四章　買賣統制

第十條　　糧食管理局，為實行糧食買賣統制，得命令各縣封鎖匪區管理所及分所，責成各地公正糧商，及餘糧之戶，或素孚眾望之殷實士紳組織糧食公營會，辦理各該地糧食公賣事宜，糧食公營會之資本，除現金外，得以存入糧食之多寡，為股分之大小，其組織章程由糧食管理局另定之。

第十一條　半匪區及鄰匪區內之糧食公營會成立後，糧食絕對禁止私相買賣，違者按本辦法第九條辦理。

第十二條　各縣，及各村鎮，糧食公營會，由各縣封鎖匪區管理所，及分所，監督之。

第十三條　糧食買賣之公定價格，由各該縣封鎖匪區管理所或管理員，會同縣政府，及縣公法團，與縣糧食公營會，於每月五日以前，共同估定一次，電呈糧食管理局核定公告之，在公告未到達以前，照前月公告之價辦理，估價單位，以實業部頒定之公斗為標準。

第十四條　凡有糧食出售之戶，無論數量多寡，均須報由糧食公營會，照公定價格收買之。

第十五條　凡無存糧，或存糧已罄，而需要糧食之戶，由各地封鎖管理所，及分所，或聯保辦公

處，給與糧食管理局製定之糧食購買證，持
向當地糧食公營會，照定價格購買之無此證
者，糧食公營會，不得售與任何糧食，其發
給規則，及證式由糧食管理局另定之。

凡住戶因特殊事故（如婚喪等事），對於糧
食有額外之需要，在一石以上者得報經保甲
長證實，向封鎖區匪管理管理所，或分所，
或聯保辦公處請求增購買量，經核准，並將
加數量載明於原購買證備考欄內後，得向公
營會購買之。

凡住戶，因種植、飼畜、釀酒、製糖，及其
他生產之原料，必須額外購買糧食時，亦照
前項辦理。

第十六條　存糧各戶，如因災患，或意外事變，將原有
存糧損失時，報經封鎖管理所，或分所，查
明屬實，亦發給糧食購買證，俾資購買。

第十七條　機關學校團體，及船戶旅棧以戶論亦發給糧
食購買證。

第十八條　凡地面廣闊之市鎮，為便利糧食購買起見，
其糧食公營會，應在各街分設糧食公營店。

第五章　屯儲統制

第十九條　凡有存糧之戶，只許留儲足供該食戶糧種、
飼料及釀造等一年之需要量，此外餘糧食，
應照本辦法第十四條之規定，售與糧食公營
會或寄存於糧食管理局指定之最安全地倉庫
內，代為保管，其寄存保管規則，由糧食管

理局另定之。

各縣對前項准許留儲之糧額，得以匪情交通地勢等情形上之必要，臨時呈請糧食管理局變更之。

第二十條　各戶儲糧食，如發覺超過前條定額，未遵糧食管理局之規定出賣，或寄存者，應受嚴厲之處罰，並沒收其超過之糧食，沒收辦法依本辦法第九條辦理。

第廿一條　每人每年需要之食米，十歲以上之男女，以三石六斗（約合穀十石），為標準，十歲以下之兒童半之，其半年，一月，或一日之食米需要量，照此推算，其他雜糧之等米量，由糧食管理局另定之。

第廿二條　糧食公營會，所收買之糧，須盡量以售賣貸借，或其他方法分配於村缺糧各戶，如仍有剩餘，須妥儲於各該公營會附近安全之地，前項地點，以下列方法選定之。

（一）村鎮糧食公營會之糧食屯儲所，由當地糧食公營會，會同該地封鎖管理分所，或區保長選擇，呈由縣封鎖匪區管理所核定之。

（二）縣糧食公營會之糧食屯儲所，由縣糧食公營會，會同縣封鎖管理所，呈由糧食管理局核定之。

前項屯儲糧食之食庫，得徵用祠堂廟宇，及空曠民房充之，其經理辦法，由各該糧食公

營會，自行議定，呈請封鎖匪區管理所，轉
呈糧食管理局核定之。

第廿三條　村鎮糧食公營會屯儲之糧食，不得超過該村
鎮兩個月之總需要購買量縣糧食公營會屯儲
之糧食，不得超過全縣四個月之總需要購買
量，此外所有糧食，概依本辦法第十九條寄
存辦法辦理之，如遇匪情緊急時，並得將存
儲量，酌量減少，或移至其他之安全地。

第廿四條　糧食管理局，指定地點儲存糧食之倉廠，應
有完密之建築，並得兼辦加工包裝等事，
其經營管理，得由糧食管理局，委託銀行
或殷實商戶，組織糧食倉庫辦理之，是項
倉庫，應照所收糧食發給儲存票據，其票
據，得買賣流通，並為一切債務之擔保。
前項倉庫組織法，及經理規則，由糧食管理
局，依照商營倉庫制度規定之。

第廿五條　各縣或各村鎮公營會屯儲之糧食，或人民一
年之需要量將罄時，應由各該縣，或村鎮糧
食公營會，報由該管封鎖管理所，或分所，
（或區保長）出具證書，持向寄存糧食倉庫
取回，或向其他糧食公營會購買之。

第廿六條　寄存於糧食倉庫之糧食，糧食管理局，得斟
酌情形，命令該倉庫代寄存人，運銷於缺糧
各縣或區省外以調劑供需，如遇糧食半收穀
價過分廉賤時，糧食管理局，亦得命令糧食
倉庫，委託各縣或各村鎮公營會，在當地收

買，或收買本倉庫內所存儲之糧食銷運之，如需要資金，糧食管理局，得酌為通融。

第廿七條　新近收復之匪區縣分，缺乏糧食時，糧食管理局得協商江西省政府，或賑務會，撥款委託購買各縣餘糧，運至災區以借貸，或賑濟方法救濟之。

第廿八條　各地義倉存糧之調查，及買賣屯儲，概依本辦法規定辦理之。

第六章　人口及糧食調查

第廿九條　半匪區及鄰匪區內各縣各村鎮人口，及糧食出產，與存儲或運銷數量，由糧食管理局，令飭縣政府，封鎖匪區管理所，及分所，指揮督率保甲長調查之，調查規則，及表格，由糧食管理局另定之。

第三十條　調查人口，及糧食表格，概由各戶自行填報於該保甲長，轉報封鎖匪區管理所及分所，不得以多報少，或以少報多，違者一經查出，或告發，其情節重大者，均予嚴重處罰，其區保甲長扶同隱瞞，或失察者，亦連帶處分。

前項隱報之糧食，完全沒收之，其沒收法，照本辦法第九條辦理。

第七章　緊急處置

第三十一條　半匪區及鄰匪區內，無論何地，凡有被匪來襲之危險時，得由該地最高軍事長官，會同封鎖匪區管理所決定，執行緊急處

置。強令存糧各戶，及該地糧食公營會，
除酌留最短時日之糧食以供消費外，將所
有存糧，立刻搬運至指定之安全地帶存儲，
如萬一搬運不及時，並得強令燬棄之。

前項糧食搬運，得用徵工為之，但須按
路途之遠近，搬運之數量，於運後從優
酬勞。

第八章　督察

第三十二條　關於實行糧食統制辦法之稽核偵察，並防
止偷漏事項，除由剿匪部隊，及政訓人員，
各區行政督察專員，各縣政府，及團隊，按
照封鎖匪區辦法第（六）項之規定，受糧食
管理局之委託，或指導辦理外，並由糧食管
理局，派委視察員，分赴各縣，或由重要縣
份，設置之管理員辦理之。

前項視察員應協同各區行政督察專員，督
促各縣管理員，各縣政府，各封鎖匪區管
理所，及分所，辦理各該區糧食統制事
宜，管理員受視察員之指導，協同各該縣
長，督促各封鎖匪區管理所，及分所，區
長保甲長等，辦理各該縣糧食統制事宜，
並得調用區保，及管理所人員，擔任工
作，各該員之辦事細則另定之。

第九章　獎懲

第三十三條　凡辦理糧食統制事項人員之獎勵懲則，概
依封鎖匪區辦法第（七）項規定行之。

第十章　附則

第三十四條　本辦法自公布日起施行，如有未盡事宜，
　　　　　　得隨時修正之。

　　　　　　　　附註：原辦法第九條現經修改，在縣境以
　　　　　　　　　　　　內購運糧食應由縣政府製發糧食證
　　　　　　　　　　　　明書，在縣境以外尚未出省用糧食
　　　　　　　　　　　　運輸證，在省外出運輸糧食出入則
　　　　　　　　　　　　用米穀輸出輸入許可證，以上糧食
　　　　　　　　　　　　運輸證及輸米穀輸出輸入許可證在
　　　　　　　　　　　　江西均由本行營製發，並以治字第
　　　　　　　　　　　　一零零四二號及一零六— 一號通令
　　　　　　　　　　　　知照。

封鎖贛江豐萬間水道辦法

二十二年七月十七日頒發

第一條　　　軍事委員會委員長南昌行營（以下簡稱行
　　　　　　營）為斷絕贛江東西兩岸赤匪之連絡，及嚴
　　　　　　禁水道上濟匪物質之運輸與貿易起見，特訂
　　　　　　定本辦法。

第二條　　　封鎖地段，以由豐城，往新淦、峽江、吉
　　　　　　水、吉安、泰和，至萬安之水道為止。

第三條　　　封鎖期內，設立贛江豐萬間水道封鎖督察處
　　　　　　（以下簡稱督察處），於樟樹鎮，設處長一
　　　　　　人，督飭辦理關於本地段內一切封鎖事宜，
　　　　　　由行營派員兼任之，並由江西省政府，分令
　　　　　　省保安處，暨水上公安局，就固有人員中，

各分撥若干人，到處辦事，其職務由處長支配之。

第四條　　封鎖期間分檢查巡查，兩種

（甲）檢查，設檢查卡，以豐萬間各地現駐之水警隊士兵分撥之，不足以當地各縣保安團隊官兵補充之，擔任盤查停泊之船隻，其設卡地點，規定如左。

豐城縣、大港口、樟樹鎮、三湖鎮、新淦縣、峽江、三曲灘（或吉水縣）、吉安縣、沿溪渡、泰和縣、百家市、萬安縣。

（乙）巡查，設巡查船，暫由江西省政府，飭保安處，派兵艦兩艘，至由水上公安局，撥派巡船若干隻備用，必要時得由處長，呈請行營核准，增派火輪，及僱用民船，擔任上下江面之游弋。

甲項檢查卡之組織，各卡間之界縣，及乙項巡查船之支配，與派遣方法，得視他區形勢之重要，士兵船之艦數量等關係，由督察處分別擬訂，呈請行營核定施行。

第五條　　封鎖地段之兵力，由江西省政府，飭省保安處，暨水上公安局，臨時分調部隊，隨兵艦巡船為主力，豐萬間，沿江各縣政府，並隨時加派得力團警協助，悉受督察處之指揮調遣。

第六條　封鎖地段之檢查卡，除第四條甲項規定外，如督察處尚有認為必須增設分卡之地，應即詳確規劃，隨時申述理由，呈請核辦。

第七條　督察處，對於封鎖地段內之檢查卡，及巡查船，除應將組合配置情形呈報外，仍繪具圖說呈核。

第八條　各卡位置以水警駐船上，團隊駐岸上為原則，並須對陸地各駐軍部隊，取得聯絡，以通消息。

第九條　檢查卡上，應張掛檢查旗，巡查船上，應懸巡查旗，其圖式附後。

第十條　封鎖地段內之船隻，應由督察處規定停泊碼頭，及早晚開航與止宿之時間，嚴令遵守，不准自由變更。

第十一條　檢查卡之職責如左

（1）嚴查匪方一切貨物之輸出輸入，如有發覺，應立即將隻扣留呈報督察處，聽候處理。

（2）檢查往來軍用民用一切船隻，但攜有本行營運輸護照，經驗明屬實，得免予檢查。

（3）如船隻載運之物質數量，乘客數目，裝卸地點，經過日程，均須加以考察。

（4）檢查船隻，須在規定停泊碼頭行之，非經過檢查後，一律不准航行，但不得故意留難。

（5）遇有不受檢查，或查有違禁物品時，得通知巡查船追捕，或扣留之。

（6）查明該管界內渡口，及公私渡船，與私人用船（如肥料船等）之數目，指定橫渡地點，並限定時間，逐日派兵至兩岸檢查之，如有任意橫渡者，得扣留其船隻。

（7）檢查卡駐地如遇駐軍亦設有檢查機關，應會同辦理。

第十二條　巡查船之職責如左

（1）對上下船隻航行時異動上之監視。

（2）對在沿江一帶隙地，防匪偷運物品之盤查。

（3）對不在規定碼頭停泊，或任意橫渡船隻之搜索及接近匪區，與其他重要地區之警戒。

（4）在監視、盤查、搜索、警戒時，以發覺匪方輸出，或輸入之貨物時，應立即將船隻扣留，帶交附近檢查卡會報督察處，聽候處理。

（5）對比鄰之船，及江干陸地之連絡。

（6）必要時得中途臨時禁止一切船舶航行，而加以檢察，並蒐集船隻於安全境地。

第十三條　檢查卡及巡查船，應將逐日辦理事項呈報，或面報督察處長，再由督察處長，擇其重要者，按旬列表具報行營考查。

第十四條　遇檢查卡及巡查船報告扣留匪方貨物時，經查實後，應由督察處，擬具處理方法，呈請行營核示。

第十五條　封鎖地段內，於必要時，得臨時指定某一界線，責成檢查卡，及巡查船，禁止兩岸民眾來往，經過相當期限，再行恢復原狀，仍呈報行營備查。

第十六條　承辦封鎖事項兵艦巡船之經費，及服務員兵之薪餉均就原有機關照舊支領，不另津貼，至所需必要之公費，應由督察處，酌擬統籌，詳細列表呈行營核定後，即予發給，但以撙節為主，總數每月不得超過二百文。

第十七條　凡封鎖匪區辦法之各項規定，與本辦法不相抵觸者，均得參照管理。

第十八條　本辦法自公布日施行，以有未盡事宜，得隨時修改之。（圖式略）

整理贛江封鎖計劃大綱

一　延伸都督察管轄封鎖地段：
　　督察處管轄贛江封鎖地段，以前係由豐城，經峽江、吉水、吉安、泰和至萬安為止，應再由萬安，延伸至贛縣屬之江口為止。

二　增設檢查卡：
　　豐萬間原有檢查卡一處，分卡四處，應暫仍其舊，惟萬安所屬之棉津、武索、良口，及贛縣所屬之攸鎮、儲潭、茅店、江口，與贛縣縣城八處，商業繁

盛，均為船隻停泊之所，應於各該處增設檢查卡。

三　檢查卡卡長之制變更：

以前各檢查卡卡長，原規定辦助卡務之水警或團隊官長兼充由督察處每卡派一稽查員督促指導，此種規定，原期指揮便利，以利進行，無如辦理以來，各卡每因責任不專，類多敷衍，未收實效，茲規定由督察處派駐各卡之稽查員，一律改充卡長，以專責成。

四　巡查船之調動及增設：

（甲）將豐萬間各卡所設之巡查船，由督察處擇其不急於需用者，調至萬安以上各卡備用。

（乙）良口至儲潭一段，相距百餘里，中間盡屬灘河既不能設卡檢查，應由督察處，租賃淺水汽輪一艘，配備槍兵，專事游弋，以杜赤匪偷運。

五　檢查卡巡查船兵力之配備：

檢查卡兵力，仍照封鎖贛江豐萬間水道辦法，第四條之規定妥為配備，如當地無水警團隊可派撥時，應由當地駐軍長官酌派相當部隊，協助辦理，在萬安境內者，由第七十七師擔任，其在贛縣境內者，由第一軍派隊擔任，至巡查船之兵力，即由督察處查輯隊部，派隊擔任。

六　督察處駐地之遷移及名稱之變更：

贛江下游一帶，已督察處原駐樟樹，地點既不適中，指揮尤為不便，該處應移至吉安辦公，以便居中指揮。又督察處以前專辦豐萬間封鎖事宜，故稱

為封鎖贛江豐萬間督察處，此後辦理封鎖地段，既已延伸贛縣，則原有名稱，自不適用，茲改為贛江封鎖督察處，以符名實。

七　派員督促指導：

萬安以上，情形複雜，各檢查卡，成立之初，必須派員督促指導，方可以利進行，而收速效，茲規定由本行營派監察委員一人，負督促指導萬安以上各檢查卡之專責，並得隨時與各駐軍長官商酌進行，以臻嚴密。

剿匪區內郵電檢查暫行辦法

二十二年八月十九日頒發

第一章　通則

第一條　國民政府軍事委員會委員長南昌行營，（以下簡稱行營）為遏制剿匪區內反動宣傳，斷絕赤匪通訊起見，特依據封鎖匪區辦法第（三）項之規定，訂定本辦法。

第二條　前條所稱剿匪區，係指贛、粵、閩、湘、鄂五省，其應施行其本辦法之區域，由各路總司令，或總指揮，臨時以命令定之，並呈報本行營備案。

第二章　檢查人員之規定

第三條　各省會，或重要市鎮郵電之檢查，應由當地軍事最高機關，或聯合黨政，各機關，視匪情之緩急，事務之繁簡，酌派相當人員，組織郵電檢查所辦理，其組織規則，由該地主

辦機關，自行訂定之。

第四條　各縣市郵電之檢查，有駐軍者由駐軍長官派員會同當地封鎖管理所，或分所，負責辦理，如無駐軍時，由各封鎖管理所，或分所，負責辦理。

第三章　郵電檢查之範圍

第五條　郵件除當地黨政軍最高機關往來之公文，不受檢查外，凡各種新聞報紙，各種刊物雜誌，各種包裹，及各種文件信件等，均應施行檢查。

電報，無論有線電、無線電、明密電碼，除黨政軍最高機關往來之電報，不受檢查外，餘則均應施行檢查。

前項所定應受檢查之郵電，如往檢查人員負責，查明封面所載收發人及地點，確認為無可疑者，亦得免予檢查。

第四章　應行扣留核辦之郵電

第六條　凡含有左列各性質之郵電一律扣留，分別呈請核辦。

1. 關於赤匪，或其他反革命之函電，及其印刷物，宣傳品等。

2. 關於挑撥離間，企圖破壞本黨，及造謠惑眾，希圖擾亂治安之函電，或印刷物，宣傳品等。

3. 關於洩露黨務、軍事、政治，應守秘密之函電。

4. 關於語言深晦，詞意含混可疑，及發送人，發送地，深可注意之函電，應暫予扣留，詳加調查以定扣罰。

5. 關於可供諜報材料，軍事參考之函電，應摘錄概要，或蒐集其原件，呈報查核後，方准封發或逕予扣留。

6. 關於一切藥物書信，須扣留化驗審核後，再行分別處理。

7. 關於一切違禁物品，及可疑之大宗匯款，應立時呈報核辦。

第五章　扣留郵電之處置

第七條　　扣留郵電之處置，應照左列兩項辦理

1. 緊急處置郵電中，查出有重大嫌疑之事件，時機迫切，有稍縱即逝之顧慮時，各檢查人員，應考核其性質，屬於軍事匪類之範圍者，逕請其當地最高軍事長官，立派員兵，將人證暫予拘留，隨時呈報主管機關，訊明核辦，情節重大，則呈行營核辦，如關於地方治安，有施行緊急處分之必要時，由檢查人員，逕請地方政府，或軍隊，派人將人證暫予拘留，備文送請該管機關訊明核辦，情節重大，則呈報行營核辦。

2. 尋常處置凡查出有疑義之郵電，事機不迫切時，屬於軍事匪類者，密呈該管長官核辦，情節重大者轉呈行營核辦，屬於地方

治安者，應按照其性質事類，分交各該機關所派之檢查人員攜回，呈請原機關處理。

第六章　檢查手續

第八條　郵電局所，收到郵件電報，應即照數送交檢查人員，施行檢查，不得隱瞞，或拒絕。

第九條　檢查人員，收到郵電局所交到之郵電，應負全責保管，不得遺失，或任意毀壞，如有扣留之件，應給予相當之憑證。

第十條　檢查人員應在郵電局所辦公，對於檢查郵電須隨到隨辦，力求迅速，不得耽誤遲延。以免妨礙交通。

第十一條　檢查人員，須立檢查日記簿，將逐日檢查郵件，或電報之件數，與扣留可虞之郵電，收發人，及地點，與內容，摘要詳細登記。

第十二條　凡經過檢查之郵電，如無關係者，均應加蓋查訖戳記交局寄發。

第十三條　檢查人員，對於檢查之任何郵電內容，均應絕對嚴守秘密。

第七章　附則

第十四條　本辦法自公佈之日施行，凡與本辦法之精神與要旨，不相抵觸之各種郵電檢查辦法，亦得參酌用之。

浦杭永封鎖督察處組織規程

二十三年七月三十一日頒發

第一條　　本規程依據本行營銑電第（六）項之規定訂
　　　　　定之。

第二條　　浦杭永封鎖督察處（以下簡稱督察處）直隸
　　　　　於本行營，並受南路總司令部之監督指揮。

第三條　　督察處設處長一人，由南路總司令部呈請本
　　　　　行營任命之，受本行營及南路總司令部之命
　　　　　令，並受本行營所派指導員之指導綜理浦杭
　　　　　永一帶一切封鎖事宜。

第四條　　督察處設副官書記各一人，承處長之命，分
　　　　　理交際、庶務、會計、文書、收發等事務。

第五條　　督察處設總務查緝兩股，每股設主任一人，
　　　　　股員查緝員錄事各若干人，各主任承處長之
　　　　　命，督率所屬分理本股事務。

第六條　　總務股之職掌如左：

　　　　　一、　關於命令報告通報及水陸封鎖事項。

　　　　　二、　關於部隊水警團隊巡船等之調集事項。

　　　　　三、　關於設卡地點，游弋地段之規定，兵
　　　　　　　　力之配備及製圖區劃事項。

　　　　　四、　關於警戒聯絡檢查巡查之規劃事項。

　　　　　五、　關於匪案匪貨之處理事項。

　　　　　六、　關於不屬查緝股事項。

第七條　　查緝股之職掌如左：

　　　　　一、　關於沿汀江水陸往來行人及船隻之稽
　　　　　　　　查偵緝事項。

二、 關於檢查巡查之考察獎懲事項。

三、 關於匪犯匪船匪物等緝捕看管事項。

四、 關於查禁運輸貨物濟匪及防匪化裝偷運刺探事項。

五、 關於渡划漁船之取締，航行時間停泊地點之規定事項。

六、 關於船隻之管理指揮蒐集等事項。

第八條　　督察處在本區域內各縣市及扼要地點，分設檢查卡，每卡設卡長一人，由處長派查緝員兼任之，檢查員若干人，應由處長斟酌情形，以協助部隊官長及現駐之水警隊或團隊官長兼任為原則，受督察處長之指揮，辦理各該卡檢查巡查事務，其組織及兵力之配備，由處長酌量各該地情形規定之。

第九條　　督察處職員尉官，由處長先行派定後呈請本行營加委，校官以上，由處長保請本行營任命之。

第十條　　督察處編制薪餉另附表規定之。

第十一條　督察處經費，應編列預算，呈由本行營核定後，按月由本行營發給。

第十二條　督察處辦事細則及所屬各檢查卡規則，應由督察處查配實際情形，擬定呈請本行營核定之。

第十三條　督察處之印信，由本行營刊發啟用。

第十四條　本規程自公布日施行，如有未盡事宜，得隨時修正之。

浦杭永封鎖督察處編制表

職別		階級	額數	備註
處長		上校	1	
副官		上尉	1	
書記		上尉	1	
錄事		准尉	1	
總務股	主任	中校	1	
	股員	少校	1	
		上尉	2	
	錄事	少尉	1	
		准尉	1	
查緝股	主任	少（中）校	1	
	查緝員	少校	1	查緝員預計以十員兼任各卡卡長
		上尉	10	其餘三員在處內服務
		中尉	2	
	錄事	少尉	1	
		准尉	1	
傳達兵		下士	1	
		上等兵	4	
勤務兵		下士	1	
		上等兵	10	
炊事兵		上等兵	3	
合計		官佐	26	
		兵夫	19	

附記
一、如設卡過多原有查緝員不敷分配時得由協助卡務之部隊或團隊水警隊官長兼任卡長

中華民國二十三年七月

浦杭永封鎖督察處薪餉表

階級	員兵額數	薪餉數	單計數
上校	1	120.00	120.00
中校	1	100.00	100.00
少校	3	240.00	80.00
上尉	14	700.00	50.00
中尉	2	80.00	40.00
少尉	2	60.00	30.00
准尉	3	72.00	24.00
下士	2	22.00	11.00
上等兵	17	141.50	8.50

階級	員兵額數	薪餉數	單計數
分計	員 26 兵 19		
合計	員兵 45	1535.50	
附記 一、本表薪餉額按國難期間餉章製定之 二、全處職員二十六人士兵十九人 　　共計薪餉洋一千五百三十五元五角 三、處長特別辦公費二百元 四、各卡公費及僱用巡查船與偵探費共二百元 五、總共每月經費洋一千九百三十五元五角 　　　　　　　　　　　　中華民國二十三年七月			

汀杭線封鎖督察處組織規程

二十三年七月三十一日頒發

第一條　本規程依據本行營銑電第（六）項之規定訂定之。

第二條　汀杭線封鎖督察處（以下簡稱督察處）直隸於本行營並受東路總司令部之監督指揮。

第三條　督察處設處長一人，由東路總司令部呈請本行營任命之，受本行營及東路總司令部之命令，並受本行營所派指導員之指導，綜理汀杭線一帶一切封鎖事宜。

第四條　督察處設副官書記各一人，承處長之命，分著交際、庶務、會計、文書、收發等事務。

第五條　督察處設總務查緝兩股，每股設主任一人，股員查緝員錄事各若干人，各主任承處長之命，督率所屬分理本股事務。

第六條　總務股之職掌如左：

一、關於命令報告通報及水陸封鎖事項。

二、關於部隊水警團隊巡船等之調集事項。

三、 關於設卡地點，游弋地段之規定，兵
　　 力之配備及製圖區劃事項。

四、 關於警戒聯絡檢查巡查之規劃事項。

五、 關於匪案匪貨之處理事項。

六、 關於不屬查緝股事項。

第七條　查緝股之職掌如左：

一、 關於沿汀江水陸往來行人及船隻之稽
　　 查偵緝事項。

二、 關於檢查巡查之考察獎懲事項。

三、 關於匪犯匪船匪物等緝捕看管事項。

四、 關於查禁運輸貨物濟匪及防匪化裝偷
　　 運刺探事。

五、 關於渡划漁船之取締，航行時間停泊
　　 地點之規定事項。

六、 關於船隻之管理指揮蒐集等事項。

第八條　督察處在本區域內各縣市及扼要地點，分設
　　　　檢查卡，每卡設卡長一人，由處長派查緝員
　　　　兼任之，檢查員若干人，應由處長斟酌情
　　　　形，以協助部隊官長及現駐之水警隊或團隊
　　　　官長兼任為原則，受督察處長之指揮，辦
　　　　理各該卡檢查巡查事務，其組織及兵力之
　　　　配備，由處長酌量各該地情形規定之。

第九條　督察處職員尉官，由處長先行派定後，呈請
　　　　本行營加委，校官以上，由處長保請本行營
　　　　任命之。

第十條　督察處編制薪餉另附表規定之。

第十一條　督察處經費應編列預算呈由本行營核定後，
　　　　　按月由本行營發給。

第十二條　督察處辦事細則及所屬各檢查卡規則，應
　　　　　由督察處查酌實際情形，撰定呈請本行營
　　　　　核定之。

第十三條　督察處之印信由本行營刊發啟用。

第十四條　本規程自公佈日施行，如有未盡事宜得隨時
　　　　　修正之。

汀杭線封鎖督察處編制表

職別		階級	額數	備註
處長		上校	1	
副官		上尉	1	
書記		上尉	1	
錄事		准尉	1	
總務股	主任	中校	1	
	股員	少校 上尉	1 2	
	錄事	少尉 准尉	1 1	
查緝股	主任	少（中）校	1	
	查緝員	少校 上尉 中尉	1 10 2	查緝員預計以十員兼任各卡卡長 其餘三員在處內服務
	錄事	少尉 准尉	1 1	
傳達兵		下士 上等兵	1 4	
勤務兵		下士 上等兵	1 10	
炊事兵		上等兵	3	
合計		官佐 兵夫	26 19	

附記
一、如設卡過多原有查緝員不敷分配時得由協助卡務之部隊或團隊水警官長兼任卡長

中華民國二十三年七月

汀杭線封鎖督察處薪餉表

階級	員兵額數	薪餉數	單計數
上校	1	120.00	120.00
中校	1	100.00	100.00
少校	3	240.00	80.00
上尉	14	700.00	50.00
中尉	2	80.00	40.00
少尉	2	60.00	30.00
准尉	3	72.00	24.00
下士	2	22.00	11.00
上等兵	17	141.50	8.50
分計	員 26 兵 19		
合計	員兵 45	1535.50	

附記
一、本表薪餉額按國難期間餉章製定之
二、全處職員二十六人士兵十九人共計薪餉洋一千五百三十五元五角
三、處長特別辦公費二百元
四、各卡公費及僱用巡查船與偵探費共二百元
五、總共每月經費洋一千九百三十五元五角

中華民國二十三年七月

南昌行營封鎖匪區監察員服務規則

二十三年六月七日頒發

第一條　本行營為監督並考察各地封鎖匪區事務，俾臻嚴密以宏效率起見，特依據封鎖匪區辦法及封鎖匪區補充辦法之規定，設置封鎖匪區監察員（以下簡稱監察員）以負專責，其服務悉依本規則辦理之。

第二條　監察員服務縣份，暫按各縣轄境之廣狹，匪情之輕重，辦理封鎖之難易，與交通狀況及軍事進展情形，臨時以命令指定之。

第三條　監察員之職責如左：

（一）關於物品運輸之限制事項，應考察是

否適當？有無流弊發生。

（二）關於米鹽火油等類之屯積限制事項，
應考察是否按照規定限制辦理？

（三）關於居民購置日用品之限制之事項，
應考察是否適當？及地方政府及區保
甲長有無把持操縱藉端漁利情事。

（四）關於封鎖機關及公賣會之設立，應考
察組織是否合法？人員能否勝任？開
支有無浮濫？公賣會之人口調查及登
記簿已否實行？憑單是否發給？有無
擅自收費及高抬價格，短少斤兩，攙
和雜質，以及地方官紳有無暗入股份
情事？

（五）關於負販之取締事項，應考察各封鎖
機關辦理是否認真？

（六）關於郵電交通之封鎖事項，應考察是
否嚴密？

（七）關於各封鎖地帶之檢查巡查及監督辦
法，應考察各管理所各檢查卡人員能
否盡職？地方團警是否盡量協助？政
訓人員與軍隊能否負責監督？巡查卡
與卡之中間地區是否派隊梭巡？

（八）關於獎懲事項，應考察獎賞是否公
允？懲獎是否合法？

（九）關於各地封鎖機關沒收物品之處置，
應考察是否適當？有無其他情弊？

（十）關於兩交界處封鎖職責之劃分，應詳
　　　查有無脫漏？

（十一）關於封鎖線內外之設備，應考察是否
　　　　完全？防禦工事，是否堅固？守備部
　　　　隊，能否盡職？警戒是否嚴密？

（十二）關於各保甲，應考察組織是否健全？
　　　　辦理是否合法？民眾有無訓練？

第四條　　監察員在指定縣份以內，務須輪廻巡視，不
　　　　得長駐一地逗留，每到一地，除縣城外，並
　　　　不得超過五日，如將指定縣份考察完畢，其
　　　　行止應事先呈報本行營核定之。

第五條　　監察員每到一縣及離赴他縣時，應隨時呈報。

第六條　　監察員工作情形，每到一處，考察完畢，應
　　　　填報分表，每到一區或一縣考察完畢，應分
　　　　別填報總表，（格式如另表）但遇重要事務，
　　　　須隨時專案呈報。

第七條　　監察員對於各處封鎖匪區事務，查有辦理未
　　　　臻嚴密或發覺其他流弊時，應隨時糾正指
　　　　導，並得商請地方軍政長官及政訓人員協助
　　　　處理之。

第八條　　監察員到達地點，除公開監察外，並須注意
　　　　秘密考察，遇必要時，得向關係機關調閱一
　　　　切案卷，以供參考。

第九條　　監察員遇有本行營飭查事項，應切實查復，
　　　　不得徇情塘塞，故意遲延。

第十條　　監察員在指定縣份以內，為執行職務之便利

　　　　　　或行旅之安全計，得問請當地軍警團隊協助
　　　　　　或保護之。

第十一條　監察員之獎懲事項，得依照剿匪區內文武官
　　　　　　佐士兵剿匪獎懲條例辦理，但違犯左列各款
　　　　　　之一者，即從嚴懲處。

　　　　　　（一）干涉職務外事項者。

　　　　　　（二）向地方需索者。

　　　　　　（三）受地方官民任何招待者。

　　　　　　（四）認難規避或捏故妄報者。

　　　　　　（五）行為不檢違法瀆職者。

　　　　　　（六）妄請地方關係機關代繕報告，或代填
　　　　　　　　　　表冊及虛報旅費者。

第十二條　監察員旅費，（一切在內）每日准支四元，
　　　　　　但駐留日期，應折半支給之。

第十三條　本規則頒行後，前由本行營頒布之修正封鎖
　　　　　　匪區監察員服務規則，即行廢止。

第十四條　本規則自公布日施行。

匪區割禾辦法

　　　　　　　　　　　　二十二年七月二十八日頒發

（一）本辦法，凡匪區得適用之。

（二）凡鄰近匪區駐軍，應即組織割禾隊，由當地保
　　　　甲長召集難民，及派出壯丁參加之，其人數以
　　　　需要為度。

（三）前項割禾隊，由駐軍率領，衝入匪區，掩護從
　　　　事刈割匪區稻禾至運回原地為止。

（四）由政治工作人員，製成簡章標語，極力向民眾
　　　宣傳，務使民眾自動參加組織，熱烈的從事割
　　　禾運動。

（五）以所獲稻禾六分之三，即半數，給予本人，六
　　　分之一，給軍隊，六分之二，暫存縣府，儲備
　　　救濟。

（六）以上工作，須以迅速與秘密之手段行之，最好
　　　利用夜間為宜。

（七）實施方法，應由當地軍政長官商訂，並由駐軍
　　　最高主管，監督行之。

（八）希轉飭所屬，限電到三日內，組成實行，並將
　　　遵辦情形，隨時具報查核。

收穫運動標語十則

（一）參加收穫運動，便是自救！

（二）參加收穫運動，便是協助剿赤！

（三）收穫運動，是抵制赤匪的搶奪政策！

（四）要免一家的飢餓，只有參加收穫運動！

（五）收穫運動，是積極的封鎖辦法！

（六）參加收穫運動，能得軍隊的保護！

（七）參加收穫運動，能得半數的酬勞！

（八）莫使養人的穀米，養活害人的赤匪！

（九）不參加收穫運動者，即是附赤！

（十）動員廣大群眾，參加收穫運動！

江西各縣封鎖匪區管理所組織規則

二十二年八月九日

第一條　本省鄰匪區及半匪區各縣為嚴密封鎖匪區，促進封鎖效能起見，待遵照軍事委員會委員長南昌行營頒佈封鎖匪區辦法第五條之規定，設立封鎖匪區管理所（以下簡稱管理所）。

第二條　管理所設於各縣縣政府所在地，其縣屬交通要隘地方，並應設立分所。

第三條　管理所直屬於該管區行政專員，並受當地駐軍高級長官之監督指揮。

第四條　管理所設所長一人。主持全所事務，由縣長兼任（其設立分所者置分所長一人，由區長保聯主任或保長兼任）。辦事員一人或二人，辦理文書庶務等事務，檢查員巡察員各若干人，辦理檢查及巡察事務均由所長（或分所長）就地方機關團體團隊或保甲，酌量調用，並得雇用公役一人或二人，所長（或分所長）檢查巡察各員，均為義務職但辦事員公役得酌給津貼。

第五條　管理所為執行事務便利起見，應將檢查巡察各員，分為若干組，每組以檢查員，或巡察員若干，組織之，由所長（或分所長）就需要與人數酌量分配，並指定一人為組長，其職掌分列如下。

　　一、檢查組

　　　　　　　　管理封鎖辦法第三、四兩條規定，郵電
　　　　　　　　及交通封鎖事務，並得於水陸衝要地方
　　　　　　　　設卡檢查。

　　　　二、巡察組

　　　　　　　　管理封鎖辦法第二條甲、乙、丙、戊，
　　　　　　　　各項，及第六條所定限制，取締梭巡等
　　　　　　　　事務。

第六條　　　管理所執行事務，須遵照封鎖辦法，及其
　　　　　　他法令之規定辦理，必要時得請求當地駐
　　　　　　軍予以協助，所有地方團隊，均須負責協
　　　　　　助執行。

　　　　　　在未設立公賣委員會地方，其登記簽核許可
　　　　　　事務，暫由管理所負責處理。

第七條　　　凡管理所或分所，負責承辦人員，所查獲各
　　　　　　種禁止買賣之日用品，或軍用品，一律解交
　　　　　　管理所，報請當地軍政最高長官核示遵行，
　　　　　　不得自行處理。

第八條　　　管理所辦公及津貼費用，由查獲違禁運售軍
　　　　　　用日用物品，充公項提下充，在未有查獲充
　　　　　　公物品以前，得暫向地方公款借用（按月造
　　　　　　具預計算書呈報財政廳查核。）

第九條　　　管理所關於獎懲事務，悉依封鎖辦法第七條
　　　　　　所定，呈請當地軍政最高長官處理，但違犯
　　　　　　者，如為負責監督巡察之軍事人員，須由駐
　　　　　　軍最高長官處理。

第十條　　　本規則自呈准軍事委員會委員長南昌行營，

暨江西省政府後，通飭各縣設立管理所之日
施行，如有未盡事宜，得由本處隨時修正，
分呈備案。

修正江西省各縣食鹽火油公賣委員會及分會組織大綱
二十三年二月十三日發

一、本大綱遵照國民政府軍事委員會委員長南昌行營
修正剿匪區內食鹽火油公賣辦法之規定訂定之。

二、各縣食鹽火油公賣委員會（以下簡稱縣會）設委員
七人至十一人，縣政府縣黨部縣財務委員會鹽務機
關各一人，縣商會三人（鹽油業公會各一人），其
餘委員，由縣政府召集各公法團聯席會議推定之，
並互推常務委員一人，處理日常事務。

三、公賣分會設委員五人至七人，由區辦公處當地商
會聯保主任或保長推定之，並互推常務委員一
人，處理日常事務。

四、縣會及分會得設左列各股：
總務股　縣會設主任一人，辦事員二人或三人，
分會設主任一人，辦事員一人，管理文書庶務會
計及不屬於他股事項。
調查股　縣會設主任一人，辦事員二人或三人，
管理調查登記縣會所屬人口總數及需用存儲，屯
積食鹽火油數量，考查油質鹽質價目斤兩及其他公
賣事項。（分會不設調查股其職務由總務股辦理）
營業股　縣會或分會設主任一人，辦事員若干人，
管理關於食鹽火油資本及販運售賣一切事項。

五、　總務調查兩股主任，由各委員互推兼任，營業股主任，由出資商人公推之，會計兼任之，總務調查兩股辦事員由各機關調用，營業股辦事員，由各鹽油商協議派充，但均須覓取妥保，出具保結，連同主任保結，呈送縣政府備案。

六、　縣會及分會各股主任，均為無給職，辦事員除會計及營業股辦事員由各鹽油商協議支給薪金外，其由各機關調用者，仍由原機關支給。

七、　各縣縣會及分會，遇必要時，只能在縣會或分會同一地點，按照鹽油種類，分組售賣。

八、　縣會及分會公費，悉遵照修正食鹽火油公賣辦法第十二條之規定支給之。

九、　縣會分會遵照修正食鹽火油公賣辦法第十六條之規定，酌提贏餘利息，為會計及各股辦事員獎金。

十、　關於本大綱未規定之事項，悉遵照奉須修正食鹽火油公賣辦法暨迭次訓令補充辦法辦理之。

剿匪各部隊食鹽購運限制辦法

二十二年十二月十七日發

一、　各軍事機關，除別動隊運輸隊，鐵肩隊傷兵病院等，仍應依照修正食鹽火油公賣辦法第二十條第二項之規定辦理外，其餘剿匪各部隊購運食鹽，悉依本辦法之規定。

二、　剿匪部隊，應將官佐士兵伕役人數及每月需用食鹽數量，呈報行營查核。

三、　剿匪各部隊食鹽，由行營根據所報人數及需用定數

量分別核令知食鹽火油管理局，印製購鹽憑單。

四、前項規定之剿匪各部隊購鹽憑單，由食鹽火油管理局填就，分別轉發。

五、軍隊購鹽憑單簿，由各級司令部具領，轉發隸屬各團營收用。

六、購鹽憑單，應載明軍隊番號月份，並加蓋食鹽火油管理局印信，每張憑單購鹽數量，均在憑單正面印就，不得改註。

七、軍隊購鹽憑單，分十斤五斤兩種，十斤者每五十張訂一本，共計五百斤，五斤者每十張訂一本，共計五十斤。

八、前項憑單，在軍人持出購鹽時，應由購買部隊長官加蓋關防私章，以昭鄭重。

九、凡剿匪各部隊購鹽，均須向各地食鹽公賣會繳驗購鹽憑單，各地食鹽公賣會，應驗明憑單，依照憑單註明數量，按當地價發售，並將憑單留存。

十、各地食鹽公賣會，於每月月終，應將各地存會之各部隊購鹽憑單彙解該管縣政府，轉繳食鹽火油管理局稽核。

十一、各部隊每月應需之購鹽憑單，均於前一月發給。

十二、各部隊領用購鹽憑單，隔月作廢，並繳還原發機關備查，如使用作廢憑單購鹽，各地公賣會，得拒絕售賣。

十三、各部隊領用之購買憑單，凡在剿匪區域內，均生效力。

十四、各部隊如向後方躉購食鹽，亦應照本辦法各條規

定辦理。

十五、本辦法實行後，各軍隊向省外巡運大宗食鹽者，
　　　一律制止。

十六、本辦法自呈奉核准之日起施行。

附註：現江西食鹽大管理局，已經裁撤，所有江西剿匪
　　　部隊購鹽憑單，均本行營直接製發。

福建省封鎖匪區推進辦法

二十三年七月四日頒發

一、依封鎖法規及先後修正各項法令，並參酌地方實
　　際情形，擬定本辦法。

二、劃定左列各縣，為封鎖區域（參照東路總司令部
　　及省政府保安處（以下簡稱為本處）已劃定之區
　　劃定之）：

　　1. 全匪區

　　　長汀　寧化

　　2. 半匪區

　　　泰寧　邵武　將樂　明溪　清流　永安

　　　連城　寧洋　永定　上杭　武平　建寧

　　3. 鄰匪區

　　　光澤　崇安　建陽　順昌　沙縣　尤溪

　　　大田　漳平　龍岩　南靖　平和　南平

　　　浦城　德化　華安　建甌

　　　以上各地區劃分，按剿匪進展情形，隨時更
　　　正之。

三、鄰匪區半匪區各縣縣城，各設封鎖管理所一處，

各區及各水陸交通要隘，一律設置管理分所及檢查卡，遵照規定之符號種類，就各該縣地圖中分別註明呈核，並依照江西封鎖匪區管理所組織規則第五條一、二兩項之規定，嚴屬執行左列之任務！

1. 檢查組管理封鎖辦法第三、四兩條規定，郵電及交通封鎖事務，並得於水陸衝要地方設卡檢查。

2. 巡察組管理封鎖辦法第二條甲、乙、丙、戊各項及第六條所定限制取締梭巡等事務。

四、　鄰匪區半匪區各縣，除設封鎖管理機關外，須於各縣城設立食鹽火油公賣委員會，各區各重要市鎮設立公賣分會，並遵照修正公賣辦法刪行政電令（一）各分會公賣食鹽火油，在同一地點，每種分數組售賣之，至各該屬境內，應設分會分組若干，則由各該縣政府按當地情形規定，呈報查考。

1. 各級公賣委員會之組織，依照修正江西各縣食鹽火油公賣委員會及分會組織大綱各項規定組織，並造組織報告表詳填具報。

2. 右三四管理所分所檢查卡及縣公賣會分會，其未設立各縣份，統限文到七日內組織完成，其已設立有不符法令或組織不健全者，亦應於限期內一律改組完成。

五、　食鹽火油公賣委員會及分會，採用官督商辦性質，應遵守左列各項：

1. 受各級政府之指揮監督，奉行斷絕匪區食鹽與火油之一切命令。

2. 縣公賣會分會，應會同縣政府或區公所，將全
縣或全區人口數及所需油鹽數量調查清楚，分
別製表張貼。

3. 縣會購買油鹽時，須向縣政府請領購買食鹽或
火油護照，分會須向區公所請領購買許可證，
鹽商油商買貨所攜之護照或許可證，須受各地
軍警團隊嚴密檢查，並限期繳銷。

4. 距匪較遠有軍隊駐紮者，縣會每次購進食鹽與
火油，不得超過總人口半月之食用量，分會每
次不得超過各區總人口十日之食用量，如有赤
匪出沒並無駐軍者，縣會分會，每次不得超過
各該縣區總人口五日之食用量。

5. 住戶購買油鹽，須有購買憑單，遵照行營治字
第三六三一號通令，每人每日以新市秤四錢為
標準，並不得超過五日之所需，如距匪較遠，
亦不得超過十日之所需。

6. 凡甲區所發憑單至乙區購買油鹽者，或無憑單
或單內塗改數量，各公賣會及分會，須絕對禁
止售賣。

7. 應製備各種登記簿，依照修正食鹽火油公賣辦
法第二十一條之規定辦理。

8. 油鹽價目不得高抬市價，須按照運費，斟酌規
定，呈報縣政府轉報財政廳及本處核准，公佈
週知，如有私擅減折斤兩，攙和雜質或提高價
格者，一經查覺或被告發，即予嚴辦。

青項護照，由本處製發各縣政府填可發許證，則

由各縣政府遵式製交各區公所填發，至購買憑
單，則由各縣政府製備，編列字號，加蓋縣印，
發交各區長承領，轉發各保甲長負責分給於用
戶，其憑單正面各項，並由保甲長負前填明，簽
名蓋章，不得需索分文。

六、各縣鹽斤附加捐稅，如係未經公賣以前者，應即取
消，另籌抵補，自經公賣以後，絕對不得擅加任何
捐款，倘陽奉陰違，一經查出，即予依法嚴懲。

七、鄰匪區半匪區地帶，必須實行五家連坐辦法，五
家之中，如有一家將食鹽濟匪，其餘四家不行密
報者，除由保甲長查明呈報區長撤銷該五家購鹽
憑單外，並同以甘心濟匪論罪。

八、剿匪各部隊購買食鹽，須遵照剿匪各部隊食鹽購
運限制辦法，持有購鹽憑單，各公賣會並須依照
該辦法第九條之規定辦理，否則不得發售。

九、安全縣份購運食鹽限制辦法。

　1. 凡非封鎖區域之安全縣份鹽商，向外購運食
　　鹽，須向各縣政府請領護照，以資限制，未領
　　護照者，不得向外購運。

　2. 安全區各縣政府，應將全縣人口數及所需食鹽
　　數量，調查清楚，鹽商請領護照時，須按照全
　　縣調查人口食鹽總數量分批填發，不得超過，
　　並按月呈報查考。

十、糧食封鎖暫定左列二點：

　1. 鄰匪區半匪區各縣，須按照江西省糧食統制辦
　　法第二十九條及第三十條之規定，先行辦理人

口及糧食調查。

2. 各縣除軍民食米外，如有餘糧運銷境外時，須報經各該縣政府核發糧食運輸證，方准通行，沿途經驗無證者，一律予以扣留，依法懲辦。

十一、鄰匪區半匪區各縣藥材電料，均須依照行營政字第四四五號第七九二號辦理，集中公賣。

十二、各縣辦理封鎖及食鹽公賣，如發生流弊，依照食鹽公賣弊病改革方案各點嚴辦。

1. 關於各縣有只設縣會而未設分會，有虛有其名而不切實辦理者，即查照剿匪區內文武官佐士兵剿匪懲獎條例第二十二條第六項規定，嚴懲縣長區長及辦理公賣人員。

2. 關於檢查疏忽及未設檢查卡，應查照封鎖匪區辦法第六條第四項規定，請由當地軍隊最高級長官，負責主持，嚴加督察，從速成立，如有奉行不力者，即查照文武官佐士兵剿匪懲獎條例第二十條第十三項規定，予以嚴厲之處分。

3. 關於縣長區長保甲長藉圖漁利，把持操縱以及高抬價格，增收捐稅，擅自罰款，濫行沒收與發給單照，擅自收費情弊發生，或被人告發，經查明屬實者，即查照文武官佐士兵剿匪懲獎條例第二十三條第八項規定辦理。

4. 凡犯懲獎條例第二十條第二十三各項罪名，應交軍法機關，從嚴究辦。

十三、各剿匪部隊單行船隻，僅有少數士兵無特別標幟

者，於通過檢查地點時，應通知當地檢查機關
檢查。

十四、封鎖地段內於必要時，得臨時指定某一界線，責
成檢查卡禁止兩岸民眾來往，及貨物運輸經過
相當期限，再行恢復原狀，仍呈報本報備查。

十五、剿匪區域內兩縣交界處，（隔省者同）應由兩地
方政府會同商定，聯絡巡察，負責辦理，不得
脫漏，各檢查卡與卡中間地區，並不斷派人梭
巡，地方團隊負協助執行之責，政訓人員與軍
隊，負常川監督巡察之責。

十六、如查獲匪探或濟匪物品，其經過偷漏路線，由乙
卡而至甲卡為甲卡查獲，則應將乙卡之所長，
以縱匪通匪論罪，其應負責之軍事長官及應負
責巡察之政訓人員，亦應受相當處分。

十七、取締各項物品運輸販賣遵守事項：

　　1. 凡封鎖區域內運送貨運，或由安全區運送貨物
　　　至鄰匪區半匪區，均須請賣證明執照，在設有
　　　封鎖管理所之區域，由管理所負責，其未設有
　　　管理所之區域，則由商會負責發給，距縣較遠
　　　之區，由各區公所預先向管理所請領若干空白
　　　證明執照，人民運輸物品時，就近向區公所領
　　　用，方可查驗通行。

　　2. 鄰近匪區之商人，凡由甲地運送貨物至乙地重
　　　在五十斤以上者，應將經過路程到達日期，在
　　　證明執照上註明，並取具乙地收條，帶回甲地
　　　呈繳封鎖機關備查，以資取締。

3. 運送軍用物品，須有匪區所在地之最高級軍事
長官機關執照，或證明書，方可查驗放行。

4. 凡由匪區逃出良民，其有夾帶物品者，均須
嚴密檢查，除違禁物品外，不得稍有損壞，
經細密檢查，確無形跡可疑者，即予放行。

5. 凡鄰匪區半匪區向業負販日用品之商人，應
由封鎖管理所（分所）一律令其往安全地區
營業，在鄰匪區或半匪區，禁止負販，違者
沒收其貨物，並予以嚴懲。

十八、取締軍民人等遵守事項

1. 凡入全匪區之人民，不問良民證或通行證之
有無，一律禁止，並扣留查辦。

2. 由全匪區外出者，遵過檢查卡，除係逃出良民
及匪部自新者，應由團隊派兵押送當地縣政府
訊明處理外，如認為形跡可疑，或屬匪探，立
即捕送當地軍事長官嚴訊，分別懲治。

3. 凡出封鎖線之我方特務人員，須攜有特證或
特別符號者，方准放行。

4. 鄰匪區半匪區任何人往來，均須持有當地保
甲長所發之通行路單，無者扣留查辦，上項
路單，依照江西省毗連各縣製發人民通行路
單暫行辦法各項辦理之。

十九、鄰匪區半匪區各交通要隘，除設封鎖管理機關，
遵照封鎖辦法四項各款嚴屬執行外茲為封鎖水道
起見，設立以下水道封鎖督察處。

1. 閩江水道封鎖督察處，劃定水口至南平河道

為該水道封鎖地段，設督察處於南平由閩江
守備司令負責辦理。

2. 漳江水道封鎖督察處，劃定石碼至龍岩，又
東尾至漳平兩河道為該水道封鎖地段，設督
察處於龍溪，指定西區保安分處負責辦理。

3. 汀江水道督察處，請由東路總司令部及南路
總司令部商洽辦理。

前項督察處組織，參照南昌行營頒佈封鎖贛江
豐萬間水道辦法辦理，以期嚴密。

二十、凡封鎖區域，除由各縣管理所隨時派員巡察外，
並劃分以下各區，由本處派員分區考察之。

分區範圍，照民政廳視察員視察區域為範圍，
查案補錄，考察員服務規則另定之。

廿一、本處為互相明瞭，各辦理封鎖事項機關一切實施
狀況及密切聯絡以收整齊統一之效，規定每星
期召集關係各機關，舉行封鎖會報一次，其規
程依照南昌行營頒發辦理封鎖匪區事務會報規
程另定之。

廿二、本辦法為嚴密封鎖匪區物質起見，擇要訂定，凡
鄰匪區半匪區各縣份，務須遵照切實推進，限
一個月內完成，再由本處派員考察，餘如未詳
載者，悉應遵照封鎖法規及先後修正各項法令
辦理。

廿三、本辦法呈請省政府核准，提交五月三十日第
十二次常會議決通過施行。

剿匪區內各屬設立封鎖機關一覽表

二十三年十一月製

江西省

縣別	管理所	管理分所	檢查卡	公賣會	公賣分會	備考
進賢				1	16	奉令准免設立管理所卡
豐城	1	10	12	1	54	設分組 38 處
清江	1	8	8	1	24	設分組 106 處
新淦	1	5	6	1	5	
高安	1	6	10	1	8	
安義	1	6	9	1	6	
上高	1	6	6	1	6	
宜豐	1	8	30	1	8	
新喻	1	7	12	1	7	
分宜	1	4		1	13	
宜春	1	6	28	1	16	
萬載	1	10		1	10	
萍鄉	1	6	14	1	8	設分組 82 處
武寧	1	5	41	1	5	設分組 37 處
靖安	1	6	8	1	6	
奉新	1	13	30	1	7	
修水	1		33	1	4	
銅鼓	1	4	18	1	4	設分組 13 處
永修	1	6	12	1	12	
彭澤	1	6	6	1	7	設分組 6 處
湖口	1	5		1	25	
九江	1	6		1	11	
瑞昌	1	4	24	1	4	設分組 12 處
德安	1	4	5	1	4	
星子	1			1	17	
都昌	1	5	8	1	52	
鄱陽	1	10	11	1	9	
浮梁	1	5	5	1	6	
餘干	1	7		1	7	
萬年	1	6	28	1	19	
樂平	1	9	50	1	12	設分組 21 處
德興	1	5	1	1	5	
玉山	1	5	15	1	6	
上饒	1	6	17	1	6	設分組 9 處
廣豐	1	6	25	1	6	

縣別	管理所	管理分所	檢查卡	公賣會	公賣分會	備考
鉛山	1	4	23	1	4	
橫峯	1					未據詳報
弋陽	1	9	8	1	7	
貴溪	1	8	32	1	6	
餘江	1	6	4	1	8	
東鄉	1	6	5	1	5	
臨川	1	8	1	1	58	
金谿	1	4	28	1	4	
資溪	1	3	19	1	5	
黎川	1			1		未據詳報
南城	1	5	6	1	10	
南豐	1	6	6	1	10	
宜黃	1	10	21	1	6	
崇仁	1	5	21	1	5	
樂安	1	5	28	1	4	設分組 1 處
永豐	1	4	23	1	3	設分組 1 處
峽江	1	3	17	1	8	
吉水	1	6	6	1	7	
吉安	1	8	42	1	8	設分所 16 處
泰和	1	5	15	1	4	設分組 3 處
萬安	1	4	5	1	5	
興國						
安福	1	7	52	1	7	
永新	1	6	47	1	7	
蓮花	1	4	19	1	12	
甯岡	1	4	22	1	5	
遂川	1	4	12	1	4	設分組 7 處
贛縣	1			1	8	
南康	1			1		
信豐	1					
上猶						未據呈報
崇義						未據呈報
大庾						未據呈報
廣昌	1	5	3	1	5	
石城						甫經收復正在組織
甯都						甫經收復正在組織
瑞金						甫經收復正在組織
雩都						甫經收復正在組織
尋鄔	1					
安遠	1			1	20	

縣別	管理所	管理分所	檢查卡	公賣會	公賣分會	備考
定南						未據呈報
龍南				1	9	
虔南						未據呈報
光澤	1	3	6	1	3	係由閩省劃歸江西管轄
婺源	1				1	係由皖省劃歸江西管轄
籐田	1	7	19	1	14	係特別區
大汾	1	4	17	1	4	係特別區
找橋	1	10	14	1		係特別區
鳳岡	1	4	20			係特別區
慈化	1	4	22	1	4	係特別區設分組9處
小計：縣70、特區5						

浙江省

縣別	管理所	管理分所	檢查卡	公賣會	公賣分會	備考
江山	1	5	5		17	
常山	1	2	9		107	
開化	1	3	1			
慶元	1	6	7	1	6	
龍泉	1	5	1	1	5	
遂昌	1	3				
景甯	1	1				
泰順	1	3				
平陽	1	3				
瑞安						尚未據報
青田						尚未據報
蘭谿						尚未據報
小計：12縣						

福建省

縣別	管理所	管理分所	檢查卡	公賣會	公賣分會	備考
漳平	1	4	6	1	4	
龍岩	1	10	6	1	10	
寧洋	1		3	1		
南平	1	4	5	1	5	
浦城	1	8	36	1	8	
南靖	1			1		

縣別	管理所	管理分所	檢查卡	公賣會	公賣分會	備考
華安	1	5	2	1	2	
平和	1	6	64	1	14	
清流						尚未據註省政府轉報
朋溪						尚未據註省政府轉報
永安						尚未據註省政府轉報
建甌						尚未據註省政府轉報
順昌						尚未據註省政府轉報
沙縣						尚未據註省政府轉報
崇安						尚未據註省政府轉報
建陽						尚未據註省政府轉報
邵武						尚未據註省政府轉報
尤溪						尚未據註省政府轉報
大田						尚未據註省政府轉報
德化						尚未據註省政府轉報
連城						尚未據註省政府轉報
武平						尚未據註省政府轉報
上杭						尚未據註省政府轉報
永定						尚未據註省政府轉報
將樂						尚未據註省政府轉報
建甯						尚未據註省政府轉報
泰甯						尚未據註省政府轉報
小計：27 縣						

湖北省

縣別	管理所	管理分所	檢查卡	公賣會	公賣分會	備考
蒲圻	1	5	9	1	5	設分組 4 處
陽新	1	8	65	1	6	設分組 6 處
麻城	1	8	9	1	1	
崇陽	1	5		1		
通城	1	4		1		
通山	1	9	6	1	26	
大冶	1			1	4	
咸寧	1	7		1	7	
鄂城	1	3	17	1	18	
黃岡	1	4		1	12	
黃安	1					
小計：11 縣						

安徽省

縣別	管理所	管理分所	檢查卡	公賣會	公賣分會
至德	1	3	10	1	5
東流	1	3	2	1	
祁門					
小計：3 縣					

湖南省

縣別	管理所	管理分所	檢查卡	公賣會	公賣分會
桂東		4	7		
安仁		4	9		
酃縣	1	4	26	1	4
茶陵	4	9			
攸縣		4	11		
醴陵		2	2		
瀏陽		2	3		
平江			2		
小計：8 縣					

廣東省

縣別	管理所	管理分所	檢查卡	公賣會	公賣分會
平遠					
大浦	1	4	12		
小計：2 縣					

縣別	管理所	管理分所	檢查卡	公賣會	公賣分會	備考
贛江封鎖督察處			21			督察處設吉安縣
汀杭線封鎖督察處			6			設連城、新泉
埔杭永封鎖督察處			14			設廣東大埔縣
漳江封鎖督察處			12			設龍溪
閩江封鎖督察處			12			

　　以上計七省凡一百三十八縣外水道督察處五處均係奉令辦理封鎖者。已成立之封鎖機關據已呈報者計管理所凡一〇五所，分所凡五三八所，公賣會凡九五

處，公賣分會凡九六九處，檢查卡連五督察處在內凡
一千四百五十五處。

第十二　關於禁煙禁毒事項

甲、厲行禁煙辦法之頒行

　　查鴉片流毒我國，已數十年，自滿清末季以還，遞及民國，莫不懸為厲禁。詳定刑章，煌煌法令，不為不嚴，顧究其實際，成效尚少，推其所以未能禁絕之由，良以已往禁烟徒知立法尚嚴，限期務促，絕不計及應有之過程，既乏嚴厲統制之設施，復無一貫有效之步驟，因循遞邅，日甚一日，遂致一切禁烟法令，徒成紙上之舖張。中正前歲督師剿匪，所至之處，既痛心毒氛之彌漫，復目擊禁令之空疏。深知欲完成本黨禁絕烟毒之政策，必須改用切實有效之方法。爰酌採曩年國民會議議決禁烟分為六年禁絕之方案，用分期漸禁方法。初由豫鄂皖三省剿匪總部於二十二年春間頒行各種禁煙法規，關於種運售吸諸端，一律嚴加管理，實行統制，逐步取締，分年縮減。務期老病吸食之人數，需要之數量，土膏行店之家數，以及種煙畝數產額，一一均有精密之統計，嚴格之管理。使嗜好未深者，有登彼岸之慈航，老病致困者，獲從容解脫之機會。先由剿匪區域之豫、鄂、皖、贛四省，及其毗鄰之地區，切實試辦，而使前清理湖北特稅處主管其事。施行以來，確屬適合實際，漸能實行統制，頗見成效，即有貪墨官吏，不法軍警，亦稍有所顧忌。旋為使其他各省禁烟，得以平流並進，達到同限禁絕之目的起見，乃於二十三年四月將清理湖北特稅處撤銷，組設禁烟督察處，改隸於軍事委員會，凡豫、鄂、皖、贛、蘇、浙、閩、湘、陝、甘十省禁烟

事宜，概由該督察處會同各該省政府或市政府統籌辦理。所有三省總部原頒之各種條規，分別改正，又經南昌行營通令頒布，大體益為完備。二十三年七月間，奉國民政府令將河南、湖北、安徽、江西、江蘇、浙江、福建、湖南、陝西、甘肅十省禁烟事宜，交由軍事委員會負責辦理。除將各項禁烟規草函送行政院暨禁烟委員會備考外，茲將關於種吸運售四項施禁辦法分列如左。

禁種

禁止播種烟苗，先從腹地各省著手辦起，曾頒行派員查禁十省種烟辦法，及查禁種烟注意事項。兩年以來，在豫、鄂、皖三省內，不斷努力邁進，其禁種及查剷之結果，如夙昔著名產烟之豫西、鄂北及皖北各縣，業已分別報剷盡淨，烟苗絕跡。二十二年四月皖屬之巢縣有紅槍會竟敢聚眾抗剷烟苗，經該省實行剿辦。對於豫省及鄂西禁種查剷事項，一體飭令嚴屬執行，剷除毒卉，務在澈底，即使流血，亦所不惜。其餘邊遠省份，向未種烟之地，絕對不許新種。其歷來種烟區域，一時未能改種食糧，或其他產品者，則責令報明種烟畝數，及產額約數，領取特許牌照，以便分區逐年遞減，漸次禁絕。惟腹地各省邊遠縣份，偏僻處所，仍恐不免有少數無知農民私行栽種情事，又經南昌行營于二十三年十月五日重申禁令，分電十省，嚴屬查禁，限於二十三年年內一律禁止播種，來年不准再有烟苗出土。所有督禁任務，責成各該省政府嚴飭各縣，取具各鄉區永不種烟切結，另由縣長加具禁烟印結，切實執行。並由南昌行

營改派密查人員，分往各地隨時實地履勘拍照密報，於
必要時派員總檢舉。或已經呈報禁止播種，肅清烟苗縣
份，倘檢舉或據密查人員密報，仍有烟苗發見時，即將
該縣縣長及地方查禁人員連保紳董種戶，概以軍法分別
從嚴懲處。似此嚴厲查禁，各該省府果能實力奉行，則
蔓延各省之毒卉，當可次第根本廓清。

派員查禁十省種煙辦法

二十一年十二月一日由豫鄂皖三省總部頒行

第一條　　江蘇、浙江、安徽、湖北、河南、湖南、江
　　　　　西、福建、陝西、甘肅，十省，應先行禁種
　　　　　鴉片，由各該省軍民長官負責辦理。為促進
　　　　　效率起見，並由軍事委員會委員長委派查禁
　　　　　特派員一人，查禁專員若干人，前往各該省
　　　　　督同查禁。軍事委員會委員長為辦事便利起
　　　　　見，得逐由其所兼領之剿匪總司令部委派前
　　　　　項人員。

第二條　　查禁應分兩期：將屆下種時，為第一期，烟
　　　　　苗出土時，為第二期。屆時應由查禁特派
　　　　　員，會同該省政府，遴派專員或委員，分別
　　　　　前往有烟苗各縣，切實辦理。

第三條　　第一期將屆下種時，有烟各縣，每縣派委員
　　　　　一人，或數縣派委員一人。其任務如左：
　　　　　一、會同縣政府，督飭各區鄉鎮長及保甲
　　　　　　　長，於其管轄範圍內，認真查察。如發
　　　　　　　見罌粟種子，立即沒收。其栽種人不服

　　　　　者，拘送法辦。

二、會同縣政府，及縣黨部地方法團等，分
　　別於各區鎮鄉公所，宣傳講演。俾人民
　　諳悉鴉片之毒害，暨國家法令之森嚴，
　　自行改種食糧。

三、委員於縣境內查察完竣，應會同縣長，
　　傳齊各區鄉鎮長，及保甲長，諭令於其
　　管轄範圍內，隨時親往或派人巡視。並
　　飭具嗣後決不發見烟苗之切結。

第四條　第二期烟苗出土時，有烟苗各縣，每縣派委
　　　　員一人。其任務如左：

一、會同縣長，親赴各鄉抽查，並督飭各區
　　鄉鎮長及保甲長，嚴切察看。如發見烟
　　苗，立即剷除，並將栽種人拘送法辦。

二、如在匪區內人民，狃於故習，貪利栽
　　種，非區鄉鎮長及保甲長力所能及者，
　　應同縣長，商由該縣駐軍，帶同警察團
　　隊等，前往剷除。但不得藉故滋擾。

三、荒僻之區，易於偷種，區鄉鎮長，及保
　　甲長，不盡廉明，尤須勤加查察。更注
　　意於區鄉鎮長及保甲長之朦蔽。

第五條　委員應將查禁情形，報告省政府及查禁特派
　　　　員，每十日一次。

第六條　各縣駐軍，及地方紳首，有敢包庇種烟，致
　　　　縣長不能行其職權，委員不能完其任務者，
　　　　應由委員密報查禁特派員，分別商請該省軍

民長官查明，依法嚴辦。如情節重大，得由
查禁特派員呈報軍事委員會委員長核奪。

第七條　查禁特派員隨時詳查各縣情形，其有歷年私
種較盛，及風俗強悍，憨不畏法之地方，應
指派專員，或親往辦理。

第八條　各省軍民長官，暨各縣縣長，對於禁種事
宜，有敢忽視，或陽奉陰違，明禁暗縱者，
查禁特派員應密報軍事委員會委員長查核嚴
辦。查禁特派員，查禁專員，如查禁不力，
意存敷衍，及報告不實者，一經查明，即行
嚴予處罰。

第九條　本辦法自公佈之日施行。

查禁種烟注意事項

　　　　二十一年十二月十七日由豫鄂皖三省總部頒行

甲、烟苗下種前：

一、特派員會同省政府，印發白話布告，分發各
縣，廣為張貼。

二、特派員刊行白話小冊子，由民政廳飭縣分發區
公所及教育機關，分頭講演。

三、特派員會同省政府委派專員（或委員）分赴各
縣，會同縣長，印發「奉令嚴禁栽種鴉片違者
處死刑」之簡短條示，遍貼各村落。

四、專員（或委員）會同縣長，督飭區公所，開禁
種鴉片大會，邀請黨政軍學各界出席。舉行露
天講演，或組織宣傳隊，分頭講演。並派人將

布告條示，肩牌鳴鑼，沿村遊行。凡向來種烟較多之地方，專員（委員）應會同縣長親往參加大會。

五、專員（或委員）會同縣長，督飭區公所，責成鄉鎮閭鄰或保甲長等，挨戶誥誡，取具如敢種烟甘處死刑切結，呈縣政府保存。其認為無具結必要之地方，得免除之。但須呈特派員及省政府查核。

前項之切結式樣，由民政廳規定，飭縣印發備用。

六、專員（或委員）抽查各區其奉行不力者，即會縣將該區長予以懲戒。如縣長辦理不力時，得密報特派員核辦。

七、專員（或委員）工作情形，按旬報告查核。

乙、烟苗下種時：

一、特派員會同省政府，通令各縣，督飭各區公所，將該區種植地，分為若干段，令段內或其附近之鄉鎮閭鄰，或保甲長輪流巡視。倘發見種烟，立即拔除，烟種沒收，種戶拘送法辦。其荒僻無人烟，無閭鄰保甲可指定者，由區長派人巡視之。

二、區長應隨時考核所屬各級人員之勤惰，並親自巡查，其奉行不力之員，應即報縣懲處。並將巡查情形，報縣查核。

三、縣長抽查各區情形，呈報特派員，省政府民政廳查核。並將奉行不力之區長，呈請懲辦。

四、行政督察專員，應督率各縣辦理，並分報查核。

五、特派員會同省政府派委專員，（或委員）分赴
各縣復查。如縣長軍警，有包庇縱容情事，應
即密報特派員省政府核辦。

六、特派員接到前項密報時，應即咨請該省軍政長
官核辦，一面密報軍事最高長官查核。

丙、烟苗出土時：

一、縣長督飭區公所，責成各鄉鎮閭鄰或保甲長，
各就其地段內之種植地，隨時查勘。倘有發見，
立即密報區公所拔除，並將種戶拘送法辦。

二、區長適於所轄地區，不時勘查，並報縣查核。
倘有發見，立即剷除，種戶拘送法辦，並將該
管鄉鎮閭鄰或保甲長，呈縣懲辦。

三、縣長隨時抽查各區辦理情形，並先查明該縣烟
苗出土至可辨認之時期，呈報特派員，省政府民
政廳，核定履勘期。由縣長親赴各區履勘，並呈
報查核。倘有發現，除立即督率警團剷除，拘犯
法辦外，並將該管各級人員，呈請懲辦。
其有兩縣以上之交界地方，應會同履勘之。

四、特派員於縣長履勘後，會同省政府，派委專
員（或委員）分赴各縣復勘。如有發見，除督
率剷除，並將種戶槍決外，並將該管縣長，區
長，及各級人員，呈報特派員懲辦。

五、專員（或委員）查剷烟苗，得酌帶軍隊。

六、專員（或委員）遇必要時，得商調駐軍協助。
駐軍應立即派隊協助，不得遲延。

七、官吏軍警團隊，如有包庇縱容情事，應由專員
（或委員）密報特派員，由特派員會同軍政長
官，查明屬實，密報軍事最高長官核准，一律
以軍法從事。

禁吸

取締吸食鴉片，自黨政軍學四界人員吸食者，首加
屬禁，曾頒黨政軍學戒烟辦法，及調驗規則。倘有犯
癮，而逾期不能戒絕者，嚴行懲處，樹之風聲，以為凡
民倡率。其普通人民之吸食者，則令各省各地遍設戒烟
醫院，勒令成癮之人，從事戒除。倘遇於年老疾病，不
能短時戒絕者，則准其請領限期戒烟執照，暫行吸食，
逐年遞減吸量，最遲六年完全戒絕。

屬行戒烟取締吸戶章程

二十二年四月三日由豫鄂皖三省總部核定頒行
於二十三年六月十九日由南昌行營修正頒行

第一條　禁烟要政，辦理未善，久同具文，致愈禁愈
烈，茲為矯正粉飾，虛偽矛盾諸現象，並防
止奉行人員任意張弛，因緣為奸，應用切實
有效之方法，嚴加管理，以期限期肅清起
見，特頒屬行戒烟取締吸戶章程。

第二條　除由中央主管機關，特設中央戒烟醫院，或
中央戒烟研究院外。各省地方，應依左列各
款，分設戒烟機關，嚴令人民戒烟。
一、省或市，設戒烟醫院。

二、縣設戒烟所。

三、縣市之區或鎮，擇地設戒烟分所。

前項戒烟醫院，或研究院，得委託當地著名之公立或私立醫院兼辦，而酌撥經費補助之。

第三條　凡戒烟機關，應研究戒烟方法，配備戒烟藥品，以供當地煙民戒烟之用。無論留院或就醫，得徵取極低廉之醫藥費，但遇確實窮苦，無力繳費者，應酌予減免。

前項戒烟藥品，除由戒烟機關處方配製，或經審驗特許者外，一律禁止發售。

第四條　凡報請戒烟者，無論自行請願，或親族送交，或經官署調驗勒戒，均應絕對服從戒烟機關之管束與指導，依限戒除。限滿後，戒烟機關得隨時定期再驗是否確已戒斷，或戒斷後是否重吸。如不依限遵戒，或屢戒屢犯者，得移送法院，依禁煙法懲處。

第五條　凡因年老，或疾病，致吸食成癮，一時不能戒除者。經醫師或戒烟機關之診斷證明，得聲請註冊，領取限期戒烟執照，准其暫行吸食。但六年以內，必須逐漸戒除，期滿不得再請展期領照。

第六條　限期戒烟執照，必須載明左列各事項。其式樣條款，另詳定之。

一、吸烟者之姓名、性別、年歲、籍貫、住址、職業。

二、吸烟者之身材、面貌，及其最易辨識之
　　特徵。

三、暫時不能戒除之原因，及診斷證明人。

四、每日吸量，及慣吸何種土質。

五、執照號數。

六、填發執照之年月日，及其有效期間。

七、填發執照機關之所在地，及機關長官之
　　簽名蓋章。

　　前項吸量，每屆換領執照時，必須逐漸
　　減少。

第七條　凡領取限期戒烟執照者，應憑照向該地曾經
　　　　註冊特許之土膏行店購烟。但每購一次，不
　　　　得超過十日之吸量，每月不得超過全月定額
　　　　之總量。

第八條　凡領取限期戒烟執照者，如遷住或旅行在本
　　　　市縣管區以外時，應憑原執照，向到達地之
　　　　市縣換取新執照，並將原執照向到達地之市
　　　　縣，轉請原屬縣市註銷。但係暫時旅行者，
　　　　得憑原執照，換取旅行證。

第九條　限期戒烟執照，每六個月換領一次，每照納
　　　　費五元，其中縣政府或市公安局分配二元，
　　　　由縣市政府酌撥地方自治或自衛團體一元；
　　　　省或市一元，禁烟督察處一元，除各將分配
　　　　所得，分別撥充所辦戒烟機關之經費外，餘
　　　　款概充地方政費之補助。

　　　　限期戒烟領照人旅行證，以三個月為有效期

間。每證納費三元。除應繳禁烟督察處之一元外，其餘二元，依前項規定，由各機關團體，折半分配之。

第十條　凡遺失執照，或旅行證者，應即向原領機關聲明註銷，經查核屬實，得繳費重行補領，凡烟癮戒斷，或本人死亡者，應即將所領執照繳銷，逾期不繳銷，又不換領新照者，得向本人或其家族，加倍追取次期應繳之照費。

第十一條　限期戒烟執照，及領照人旅行證，統由禁烟督察處製發。由各省市主管機關，或縣政府，每張先行墊繳一元照費，向禁烟督察處請領，發交所屬之公安局，或區公所填發。但由縣政府直接請領者，禁烟督察處應即將請領之縣名、長官姓名，及張數、號數，函知該省主管機關存查。

第十二條　限期戒烟執照，應具四聯根單。一聯存填發機關，一聯繳縣政府，或市公安局，一聯繳省或市之主管機關，餘一聯繳禁烟督察處。應繳省之照費，隨根單繳納。各市縣於每月初，應將上月填發之照數、號數、領照人名，及有效期間，列成簡表，分報省主管機關，及禁烟督察處存查。

第十三條　凡未經領取限期戒烟執照而吸烟者，除酌量追繳二倍以上，十倍以下之照費外。應留置戒烟機關，驗明有癮無癮。已成癮者，勒令

戒除，因年老或疾病，一時不能戒除者，得
勒令繳費補領執照。不服從勒戒，或不遵繳
應加之照稅者，即移送法院，依法懲處。

受前項處分，如係由他人告發者，應以追繳之照費，全
數充賞。但告發不能證實，或經戒烟機關驗
明無癮者，原告發人應代繳所追照費之定
額，以為充被告發人之慰藉金。不遵繳者，
即移送法院，依誣告反坐論罪。

第十四條　限期戒烟執照，祇准本人專用，不得一戶共
用，或借給他人使用。尤不得利用執照，誘
惑或庇護他人吸烟。如有違反者，除將本人
執照註銷，移送法院依法懲處外，其餘諸
人，概依前條之規定辦理。

第十五條　凡吸食紅白丸，注射嗎啡，或使用其他麻醉
毒品者，無論已領未領限期戒烟執照，除註
銷其已領執照外，概依嚴禁烈性毒品暫行條
例之規定辦理。

第十六條　凡領取限期戒烟執照，或旅行證者，於吸烟
時，應將證照隨帶在身。遇主管機關所派查
驗人員索閱，應立即提出，聽候查驗。若
不能提出，或提出而照證不符者，得即行
拘捕，查照第十三條或第十四條之規定辦
理。但遇左列情形，應以藉端嚇詐論，從
重處罰。

一、非主管機關所派之查驗人員，而冒充查
　　驗者。

二、確能提出相符之照證，而故意加以損
　　害，或濫行拘捕者。

第十七條　黨政軍服務人員，及學校員生，應依豫鄂皖
三省剿匪總司令部前次頒定之黨政軍學戒烟
辦法及戒烟調驗規則辦理。不適用本章程之
規定。

第十八條　本章程之施行區域，由軍事委員會委員長以
命令定之。

第十九條　關於厲行戒烟，及取締吸烟之程序，凡本章
程所未規定者，參照一般禁烟法令辦理。

第二十條　本章自軍事委員會委員長南昌行營核定之
日，通令施行。

豫鄂皖三省剿匪總司令部戒烟調驗規則

二十一年九月二日由豫鄂皖三省總部頒行

第一條　依本部限期戒烟辦法第四條規定，調驗黨員
官吏軍人學生，依本規則行之。

第二條　調驗事務，武漢三鎮，由本部黨政委員會監
察處辦理。豫、皖兩省省會，由各該省政府
民政廳辦理。豫、鄂、皖三省各縣，由各縣
政府辦理。

第三條　凡經人民告發，具有確實舖保，及甘坐切結
者，即予調驗。
前項調驗人員，屬黨政軍各機關服務者，調
驗期中，應暫行停職。

第四條　辦理調驗之醫院，由本部或調驗機關臨時指

定。其費用及津貼，武漢三鎮，由本部核
給。豫、皖兩省省會，由各該省政府核給。
各縣由各縣政府呈請省政府核准，在省稅內
支給。被驗人住院伙食費，由本人自備。

第五條　調驗時，由本部或調驗機關派員查察，不得
有左列各款情弊：

一、夾帶代用品。

二、行求賄賂。

三、瞻徇情面。

四、虐待。

第六條　承辦調驗之醫院，每驗一人，應於一星期
內，作成報告書，證明有無烟癮，呈送本
部，或由調驗機關，轉呈核辦。

前項報告書，應由該醫院院長，承辦之醫
師，及查察人員，簽名蓋章。

第七條　被調驗人經醫院證明無癮者，調驗機關據核
後，得先行交保。

前項暫行交保人員，如本部認為必要時，得
移轉他醫院復驗。

第八條　凡經證明無癮，呈奉核定者，由本部或調驗
機關，將證明及核定文件，送登當地黨報或
大報。其曾經停職者，立予復職，並補給停
職期內薪俸。

第九條　凡經證明無癮，呈奉核定者，原告發人應反
坐以所告之罪。原醫院證明無癮，或有癮，
經他院復驗證明確實有癮或無癮者，原醫院

之承辦醫師，應科以偽證罪。

第十條　本規則自公布日施行。

黨政軍服務人員及學生限期戒烟辦法

　　　　　二十一年九月二日由豫鄂皖三省總部頒行

（一）凡黨員、官吏、軍人、學生，吸食鴉片，或替代鴉片之金丹、海洛因等麻醉品，及注射嗎啡者，限兩星期內，到本部黨政委員會監察處報名，填寫戒烟志願書。（書式附後）

（二）報名後，由監察處指定醫院，為戒烟事務所。分別癮量輕重，限期三十日，或四十五日內，戒除淨盡。

（三）限期屆滿後，即指定醫師，分別調驗。除戒淨者，給予證明書外，其未戒淨者，由醫師酌定，延長期限。輕者至多不得過六十日，重者至多不得過七十五日，如再逾定限，仍不能戒盡者，除分別免職，及開除黨籍學籍外。並送本部軍醫處，勒令戒盡。醫藥費，歸本人負擔。

（四）兩星期內不來處報名，後發覺吸食鴉片，或替代品，及注射嗎啡者，調驗確實，即予槍決。

（五）醫師調驗，應忠實執行職務，如有癮瞞情形，從嚴懲處。

（六）本辦法，自頒布後，武漢三鎮自九月二日起實行。其餘湖北各縣，及河南、安徽兩省之實行期，另以命令規定之。

禁運

　　關於禁運辦法，除由主管禁烟機關組織緝私團隊，嚴查私運外，並調查供求數量。向未禁種之邊遠省份，統收統運，其經特許採辦之商人，規定由公家發給採辦執照，施行公運，卸入公棧，以綜轉運收發之樞紐，杜絕偷漏泛濫之弊端。按年減運，以達到如期肅清之目的。

嚴禁腹地省份種烟取締採辦邊省產土章程

　　　　二十二年四月三日由豫鄂皖三省總部核定頒行

　　　　于二十三年六月十九日由南昌行營修正頒行

第一條　為謀剷除烟禍，應即縮小產烟區域，限制銷烟額數，實行分區分年遞減，以期達到禁絕之目的起見，特頒嚴禁腹地省份種烟，取締採辦邊省產土章程。

第二條　禁止種烟，先從腹地省份辦起，除業經明令規定江蘇、浙江、安徽、福建、湖北、湖南、江西、河南、河北、山東、山西等省，限令尅日禁種外。其餘邊遠省份，向未種烟之地方，絕對不許新種，其久已慣種者，分區逐年縮減，絕對不許增加。

第三條　凡經明令規定禁種之省區，由軍事委員會委員長南昌行營，或咨達中央主管機關，於種烟或收烟季節，派員分赴各該省區巡查，督同地方軍政機關，剷除烟苗，燒燬烟漿。種戶及包庇縱容之官吏紳董，分別情節，概依

　　　　　　禁烟法及禁烟法施行規則，從嚴處罰，軍隊
　　　　　　包庇縱容者，依軍法重懲，種烟之田畝，一
　　　　　　律沒收，但業主自行舉發者，不在此限。

　　　　　　前項派員查禁種烟辦法，及查禁種烟應行注
　　　　　　意事項，另詳定之。

第四條　　凡在未經明令規定禁種之省區，一時未能改
　　　　　　種食糧，或其他產品，而暫欲繼續種烟者，
　　　　　　應報明畝數，及產額約數，聲請註冊，領取
　　　　　　特許牌照。

　　　　　　前項特許牌照之樣式，及註冊辦法，暨逐年
　　　　　　減種之標準另定之。

第五條　　各省區依屬行戒烟取締吸戶章程之規定，有
　　　　　　因年老疾病准發給限期戒烟執照者，在此限
　　　　　　定之期間內，所需烟土，應由禁烟督察處酌
　　　　　　定產地價目，調查供求數量，向尚未禁種之
　　　　　　邊遠省份，統收統運，量為供給。無論任何
　　　　　　私人，或任何機關，不得擅自販運。但遇
　　　　　　必要時，經禁烟督察處特許商人領取採辦
　　　　　　證，代行採辦者不在此限。

第六條　　凡欲承充採辦商，向邊省採辦產土者，應向
　　　　　　禁烟督察處填具聲請書，載明姓名、年齡、
　　　　　　籍貫、永久住址、繳納保證金，聲請註冊，
　　　　　　領取特許採辦執照。

　　　　　　前項特許執照之式樣，及註冊辦法，暨保證
　　　　　　金額，由禁烟督察處另擬，呈候核定。

第七條　　凡未領取特許執照者，不得發給採辦證。凡

未領取採辦證者，不得向邊省採辦產土，運入腹地。

第八條　採辦證應載明左列各款，統由禁烟督察處製定發給。

一、領證人姓名，及其原領特許執照之號數。

二、採辦區域及數量暨往返期間。

三、運入擬經之路線。

第九條　特許執照，及採辦證，不得轉賣、讓與、租賃，或貸借於他人，如有遺失，應即呈報禁烟督察處，註銷號數，照章分別補領。

第十條　左列各款，採辦商應一律遵辦。

一、經由禁烟督察處所規定之運入路線。

二、在運入必經之路線中，如禁烟督察處已在該地特設有運輸機關及工具者，應移交該運輸機關負責代運。

三、一切來貨，運至禁烟督察處所設入境最近之公棧，即須卸存。由禁烟督察處派員會同公棧職員。驗明數量，逐件黏貼印花，並分批分號，照率算定稅款後，再由公棧負責保管，經紀買賣。但入境最近之公棧所在地，如不能盡銷時，得委託該公棧，代為撥運他地他棧。

四、公棧存貨，應照章清繳稅款，或將尚未繳足之稅款，准做押匯，始得提取，或代為撥運。

五、代為保管，及代運之貨，如有損害，由
公棧及運輸機關負責照章賠償。

前項負責保管，及負責代運辦法，另定之。

第十一條　各土膏行向公棧購土，運向各該地分銷者，
須向公棧領取禁烟督察處製定之轉運證。如
由甲省區轉運至乙省區，或雖在甲省區之境
內，而須運至與乙省區毗連之地域時，應委
託公棧，交由禁烟督察處所設之運輸機關，
負責代運。否則仍以販私論。

前項轉運證，須載明領證人姓名，土膏行
名，原領牌照之號數，轉運之土質數量，及
運往之地點期間。

第十二條　採辦商兼管土膏行者，除依屬行查禁麻醉毒
品取締土膏行店章程，分別註冊領照外，所
採辦之烟土，仍依第十及第十一條之規定，
由公棧經管存交，不得有直接運送土膏行分
銷。否則亦以販私論。

第十三條　特許採辦執照，採辦證，及轉運證之有效期
間，依左列之規定。

一、特許採辦執照，屆滿一年，應將原照繳
銷，保證金發還，但在營業期間，能遵
守法令，未受處罰者，均得繼續換領。

二、採辦證於所採土貨運入公棧之日繳銷。
已逾證中所限之期間者無效。但因特別
情形，敍述理由，經禁烟督察處認可
者，得酌量展限。

　　　　　　三、轉運證於運達所定地點之日繳銷。已逾
　　　　　　　　證中所限之期間者無效。但因特別情
　　　　　　　　形，敘述理由，經禁烟督察處認可者，
　　　　　　　　得酌量展限。

第十四條　　採辦商，及土膏行，不得利用採辦證，或
　　　　　　轉運證，夾帶嗎啡、高根、安洛因，及其
　　　　　　他麻醉毒品，或運販土烟超過其證中所規
　　　　　　定之額量。

第十五條　　採辦商，及土膏行，應將所領之採辦證，或
　　　　　　轉運證，隨貨攜帶在身。沿遇有主管機關所
　　　　　　派之軍警團隊，或其他查驗人員檢查時，須
　　　　　　立將領證提出，聽候查驗放行，但遇左列情
　　　　　　形之一者，得呈報禁烟督察處，轉呈該地軍
　　　　　　事最高長官，依照軍法，從嚴懲處。

　　　　　　一、未受主管機關之委託，而冒充查驗人
　　　　　　　　員者。

　　　　　　二、經提出領證，足以證明貸證相符，而故
　　　　　　　　意留難，或加以其他之損害者。

第十六條　　本章程之罰則，依左列各款之規定。

　　　　　　一、違犯第六條至第八條之規定，未領取禁
　　　　　　　　烟督察處之特許執照，及採辦證，而
　　　　　　　　擅行採辦者，概屬販私，應依緝私章
　　　　　　　　程辦理。

　　　　　　二、違犯第九條，將特許執照，或採辦證，
　　　　　　　　擅行轉賣讓與租賃，或貸借者，及違犯
　　　　　　　　第十三條，照證滿期，仍不依限繳銷

者，除分別註銷其照證外，並得沒收保
證金。

三、違犯第十條各款之規定者，除註銷照
證，沒收保證金外，並得將採運之貨，
概行沒收。

四、違犯第十一條，不領取轉運證，或不交
禁烟督察處所設之運輸機關代運者，及
違犯第十二條，直接運銷，不交公棧經
管存交者，除分別情節，參照緝私章程
辦理外，並得註銷執照，沒收保證金。

五、違犯第十四條之規定者，依屬行查禁麻
醉毒品取締膏土行店章程，及嚴禁烈性
毒品暫行條例辦理。

第十七條　本章程之施行區域，由軍事委員會委員長以
命令定之。

第十八條　本章程自軍事委員會委員長南昌行營核准之
日，通令施行。

禁售

限制濫售土膏，因既准年老疾病之人暫行吸食，則
所需土膏在事實上仍須暫有相當之供給，即由各省市政
府指定地方主管機關，特許設立之土膏行店，憑照購
售，以濟所需。並限定其家數，祗能減少，不准增加，
其各地開燈供人吸食之烟館，絕對禁止。經通飭腹地十
省，一體嚴厲查禁封閉，違者嚴行懲辦。

屬行查禁麻醉毒品取締土膏行店章程

二十二年四月三日由豫鄂皖三省總部核定頒行

於二十三年六月十九日由南昌行營修正頒行

第一條　為禁止製造販運麻醉毒品，應使切實有效起見，特頒屬行查禁麻醉毒品取締土膏行店章程。

第二條　凡製造鴉片之代用品，如嗎啡、高根、安洛因，及其同類毒性物，或化合物之機件工廠，應由各地方政府，駐防軍隊，嚴行查禁。一經發現，除將機件工廠，及其製造品，分別沒收銷毀外。並將所獲人犯，依照軍法，從嚴懲處。其私人財產，概行查明沒收，照章獎給舉發及承辦人員。

第三條　凡私運鴉片及其代用品者，應由特設之緝私機關，或各地方政府，於重要關口、通路、車站、輪埠、郵包局址、飛機場所，施行嚴密檢查。一經查獲，除將所運物品，沒收銷毀外。並將所獲人犯，依照軍法，從嚴懲處。其私人財產，查明沒收，照章獎給舉發及承辦人員。

第四條　鴉片、嗎啡、高根、安洛因，及其同類毒性物，或化合物，除供醫藥用，及科學用，經政府依照麻醉藥品管理條例，及本章程之規定，加以特許者外，一律不得販賣。由各地方政府嚴行查禁。一經發覺，除將物品，沒收銷毀外，並將所獲人犯，依照軍法，從嚴

懲處。其私人財產，查明沒收，照章獎給舉發及承辦人員。

第五條　各地方為醫藥用，及科學用，所需之嗎啡、高根、安洛因，及其同類毒性物，或化合物，應依麻醉藥品管理條例之規定，由各該地方政府，指定藥房經管購買分銷。並令飭承銷藥房，隨時登記買入數量，賣出數量，及開方藥師姓名，以便檢查。

第六條　各地方因年老疾病，依屬行戒烟取締吸戶章程之規定，特發給限期戒烟執照者所需供給之土膏，應由各該地方政府主管機關特許註冊給照之土膏行店經管購買分銷。

第七條　各地方之土膏行，由禁烟督察處限定其家數。土膏店，則由各該地方政府主管機關，查照地方情形，限定家數，轉報禁烟督察處查核。一經核定，即逐年遞減，不得增加。六年之後，應照取締嗎啡、高根、安洛因辦法，統交藥房辦理。土膏行店不得繼續營業。

　　前項主管機關，由各省市自行指定。但禁烟督察處並得指揮監督之。

第八條　凡欲承充土膏行者，須向各該地方政府主管機關，填具聲請書，載明營業牌號，地點，與經理行東或股東之姓名、年齡、籍貫、永久住址，連同三家資本在五千元以上之舖保，經各該地方政府主管機關考核確實，

　　　　　　轉報禁烟督察處，核發特許土膏行牌照及
　　　　　　憑證後，方准營業。

　　　　　　前項牌照及憑證，由禁烟督察處製備，交
　　　　　　由各該地方政府主管機關轉發。每套全年
　　　　　　收費五千元，分四期平均繳納。其中半數
　　　　　　繳禁烟督察處，以半數作為各該地方政府
　　　　　　之收入。

第九條　　土膏行得直接向禁烟督察處所設之公棧或分
　　　　　　棧，購買土膏，並得兼營零售業務。

第十條　　凡欲承充土膏店者，須向各該地方政府機
　　　　　　關，填具聲請書，載明營業牌號、地點，與
　　　　　　聲請人姓名、年齡、籍貫、永久住址，連同
　　　　　　二家保人其資產各有五百元以上者具結，經
　　　　　　各地方政府主管機關考核確實，彙報禁烟督
　　　　　　察處，發給特許土膏店牌照及憑證後，方准
　　　　　　營業。

　　　　　　前項牌照及憑證，由禁烟督察處製備，交
　　　　　　由各該地方政府主管機關轉發。每套全年
　　　　　　收費，分為四等，甲等二千四百元，乙等
　　　　　　一千二百元，丙等八百元，丁等四百元，均
　　　　　　分四期平均繳納。以半數繳禁烟督察處，以
　　　　　　半數作為各該地方政府之數入。

　　　　　　前項土膏店之等級，由各該地方政府主管機
　　　　　　關，查照地方情形，酌量規定。但在同一市
　　　　　　區，城區，或鄉鎮區內，不得有兩種等級之
　　　　　　差別。

第十一條　土膏店不得向公棧直接購買土膏，只可向土膏行購買零售。

第十二條　土膏行店所領牌照及憑證之有效營業區域，以轉發牌照及憑證之地方政府管轄區域為限。其有效時間為一年。屆滿後，應將原領牌照憑證，繳呈主管機關註銷。但在營業期中，能遵守法令，不受處罰者，均有優先換領權。

第十三條　土膏行店在營業期間，須將所領牌照，懸掛舖內顯明之處，以便檢查。凡購入土膏時，土膏行應向公棧或分棧，土膏店應向土膏行，各將所領憑證檢送查核。

第十四條　土膏行店不得設立分號、堆棧，或一家出名，數家朋充。所領牌照憑證，亦不得轉賣、讓與、租賃、貸借。如有遺失，應即呈報各該地方政府主管機關銷號，分別查照第八條，及第十條之規定，再行補領。但須隨繳該期原額十分之一之照證費。

第十五條　土膏行售賣土膏於土膏店時，應查明該土膏店牌號，憑證號數，及所購買量，立簿登記，聽候檢查。不得售與未領憑證之土膏店。

第十六條　土膏行店零售土膏時，應驗明購吸人之姓名，所領限期戒烟執照，及所購質量，憑照發售。不得售與未領限期戒烟執照之人。

第十七條　土膏行店不得買賣未貼禁烟督察處印花之

私土。

第十八條　土膏行店不得開燈供人吸食。

第十九條　違反第二條至第四條之規定，除依各該條處
　　　　　罰私行製造販賣人犯外。如地方軍警團隊，
　　　　　或其他公務人員，有包庇縱容情事者，概依
　　　　　軍法從嚴懲處。

第二十條　違反第八條及第十條之規定，未經主管機關
　　　　　核准發給特許牌照憑證，擅自營業者，無論
　　　　　所售土膏，曾否粘貼印花，均以販私論。一
　　　　　經發覺，除將人犯依照軍法懲處外。其私人
　　　　　貨物財產，概行查明沒收，照章獎給舉發及
　　　　　承辦人員。

第廿一條　違反第十二、十三，或第十四各條之規定
　　　　　者，依其情節，輕者註銷已領之牌照憑證，
　　　　　重者仍依軍法懲處。

第廿二條　違反十五、十六、十七、十八，各條之規定
　　　　　者，除註銷所領牌照憑證外，並依軍法嚴加
　　　　　懲處。其私人貨物財產，概行查明沒收，照
　　　　　章獎給舉發及承辦人員。

第廿三條　緝私給獎章程另定之。

第廿四條　本章程之施行區域，由軍事委員會委員長以
　　　　　命令定之。

第廿五條　凡本章程所未規定者，概依麻醉藥品管理條
　　　　　例，及檢查郵件包裹私遞麻醉藥品辦法，暨
　　　　　一般禁烟法令辦理。

第廿六條　本章程自軍事委員會委員長南昌行營核定之

日，通令施行。

乙、嚴禁烈性毒品條例之頒行

查嗎啡、高根、海洛英、紅白丸均為烈性毒品，或
運自外洋，或來自邊省，輾轉販售，充斥各地。吸用
者，以其體積甚小，攜帶甚便，代用鴉片，既可節省時
間，復易避免檢查。販售者，以其取值極昂，貿利至
厚，惟利是圖之奸商，遂多巧為偷運，甚或勾結不肖軍
警，為之包庇縱容。以致毒餤遍布，無間城鄉，華北各
省，毒品盛行，甚至浸及婦孺，毒染農工。近年由北而
南，長江流域，亦有逐漸蔓延之勢。禁烟愈嚴，嗜者愈
眾，流毒之烈，浮於鴉片。倘長此聽其沉淪，不惟足以
亡國，抑且足以滅種。國聯禁烟宣傳部，亦有謂吾國施
行禁烟，如操之過急，必至麻醉品代之而興，反使禁烟
問題，無足輕重。證之吾國今日染毒情形，實較禁烟關
係，重要十倍。各省鑒此毒禍，亦嘗頒布單行禁令，嚴
加取締，仍不免此張彼弛，而予狡黠者以避重就輕機
會。中正去年在豫鄂皖三省剿匪總部，所頒屬行查禁麻
醉毒品取締土膏行店章程，對於販賣運輸製造各種麻醉
毒品者，一律按軍法從嚴懲處，並飭令解送軍法機關審
理，惟陸海空軍刑法中，關於此項罪犯之懲處，尚未詳
晰規定，而禁烟法中所訂條款，科罰過輕，亦未能適合
此種特殊情況。為除惡務盡起見，特再訂定嚴禁烈性毒
品暫行條例，於二十三年五月間分頒蘇、浙、閩、皖、
贛、湘、鄂、豫、陝、甘等十省，及京、滬兩市。同年
七月間復令冀、察、綏三省及平、津兩市，一體嚴屬實

施。數月以來，迭據各省市呈報處決毒品犯案件，日必多起。如各省市果能按此條例，切實執行，則為害最烈之毒氛，當不難掃除淨盡也。

嚴禁烈性毒品暫行條例

二十三年五月十一日由南昌行營頒行

第一條　嗎啡、高根、海洛因，及其化合物，或配合而成之紅白等著色毒丸，均為烈性毒品。

第二條　製造或運輸烈性毒品者死刑。

第三條　販賣或意圖販賣，而持有烈性毒品者，死刑，或無期徒刑。

第四條　意圖營利，為人施打嗎啡，或設所供人吸用烈性毒品者，死刑。

第五條　吸食或使用烈性毒品，有癮者概行拘押，交醫定期勒令戒絕。不遵限戒絕，或戒絕後復吸食或使用者，死刑。

第六條　吸食或使用烈性毒品，限期內驗明已經戒絕者，得給以證明書。但一年內，得隨時調驗之。

第七條　公務員包庇，或要求期約，收受賄賂，而縱容他人違犯本條例各條之罪者，死刑。盜換查獲之烈性毒品者，亦同。

第八條　以烈性毒品栽贓誣陷他人者死刑。

第九條　第二條至第四條，及第七、第八條之未遂罪，罪之。

第十條　死刑之執行，得用槍斃。

第十一條　違犯本條例各罪者，由兼行營軍法官之該管
縣長，或兼區保安令之行政督察專員審判
之。其在未設行政督察專員之省市，或該管
縣長不兼行營軍法官者，應由該管市長，或
縣長，呈請指定有軍法職權之機關審判之。

第十二條　有軍法職權之部隊，查獲違犯本條例各罪
者，亦得審判之。

第十三條　違犯本條例，判處各罪，應將全卷，連同判
詞，逕呈本行營核准後執行。但情節重大，
認為與地方治安有關，應緊急處分者，得先
摘敘罪狀，電請核示。

第十四條　本條例所未規定者，依其他法令之規定。

第十五條　本條例自文到後五日內，各地軍政機關，均
應實貼布告，飭屬週知。

第十六條　本條例自公布文到後十日施行。

第十三　關於處置投誠俘虜及散兵游勇事項

甲、投誠俘虜之處置

剿匪最有效方法，莫要於瓦解匪眾。瓦解之現象，除逃散外，不外投誠與俘虜兩種。然投誠有真偽，俘虜亦有脅從與首要之分，故處置投誠俘虜，實為剿匪工作中一重要問題。本行營有見於此，因於二十二年七月間，先後頒布：

（一）剿匪區內招撫投誠赤匪辦法，

（二）剿匪區內處置俘虜赤匪暫行辦法，

（三）各路軍臨時戰地投誠俘虜收容所暫行條例，

（四）臨時感化院條例各項法規。

依據此各項法規之規定，招撫投誠及處置俘虜之手續，約可分三部分言之。其一在前方直接負招撫處置之責者，為各剿匪部隊與各縣政府，凡情節輕微之投誠俘虜，可依據招撫投誠處置俘虜兩暫行辦法，分別解回原籍，交保監視，予以自新。其二為前方各招撫機關（即各部隊及各縣政府）所不能處理者，即分別解送各路軍臨時戰地投誠俘虜收容所（東北兩路各已設置收容所一所，轉送處二處；南路軍業經核准，正在籌設；惟西路軍尚未設置），或南昌投誠俘虜臨時收容所（本年四月間因感化院移設九江，後方事實上需要一收容機關，遂臨時設置此所），其中情節重大確係主要匪犯者，即解送軍法處審訊分別依律予以處決或監禁；雖非重要匪犯，而受匪麻醉已深者，則轉解感化院予以感化反省。

其二為臨時感化院（原設於南昌，本年四月間移設九江），專收納思想匪化之投誠俘虜，視各投誠俘虜匪化程度之深淺，分別予以三月、六月、九月、一年之感化教育（以二月為一期）。在感化期間，一面依照被感化人教育程度，分班施以教訓，洗滌其舊染；一面就被感化人所處環境及其性之所近，分組授以工藝，俾將來出院後，有獨立謀生之技能；至感化期滿，思想已臻純正之份子，或為介紹勞工，或酌補充兵役，或發給證明書，派員護送貲遣回籍，交各省政府轉交各原籍縣政府依法辦理交保自新手續。總計自去年夏間國軍分路圍剿起，至現時瑞金收復，赤匪西竄止，感化院已實行資遣感化期滿之投誠俘虜共二十五次，為數當不下萬餘人，而現時該院仍有被感化人五千數百名，正在施行感化中。此外各招撫機關各收容所直接解回原籍交保自新及軍法處依法予以處決監禁者，尚待精密統計。最近據何追擊總司令電告，赤匪自贛潰圍逃竄，經沿途國軍截擊，湘西各縣所收容投誠俘虜，現已達四、五千名之多。亦足證赤匪崩潰情形之一班。

處置投誠俘虜簡明圖

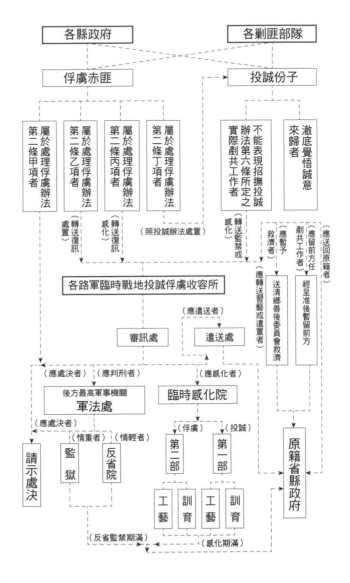

剿匪區內招撫投誠赤匪暫行辦法

二十二年七月公布

第一條　凡誠意來投之赤匪均依本辦法招撫之。但因
　　　　軍事壓迫，當場繳械，或已經包圍因而捕獲
　　　　者，不在此限。

第二條　招撫事宜由各部隊團長以上長官或縣政府
　　　　（簡稱為招撫機關）辦理之。

第三條　投誠赤匪具有左列情形之一，並未擔任赤匪
　　　　重要工作，由招撫機關取具投誠切結及剷共
　　　　宣言後，送由原籍縣政府處理之。（切結式
　　　　如附表一，剷共宣言範式如附表二。）

　　　一、知識愚昧素無識見因而附和盲從者。

　　　二、意志薄弱被誘脅從者。

　　　三、生長匪區，為保全其生命財產起見，被
　　　　　迫加入匪黨者。

　　　四、落伍軍人，無業游民及無識工農，因生
　　　　　活困難，一時被匪誘惑者。

　　　五、為昧於親族情感，因而誤投匪黨者。

　　　六、被女匪吸引，不明作用而被脅從者。

　　　七、受有相當教育，頗具知能，因無出路，
　　　　　受赤匪麻醉，誤投匪黨者。

　　　八、其他雖曾任赤匪相當工作，但非赤匪黨
　　　　　員，完全係被支配或被監視者。

第四條　原籍縣政府接收招撫機關所送之投誠赤匪，
　　　　應依照左列辦法處理之：

　　　一、責成其父兄鄰右二人以及房族長或本區

公正紳耆具結擔保，由縣長發給自新證
後，交具保人領回監督之。（保結式如
附表三，自新證式如附表四。）

二、監督之要點如左：

甲、不准與來歷不明人往來。

乙、一年以內不准擅離所住區域。

丙、責令其有一固定職業，如無職業時
應由具保人共同設法救濟。

三、被監督人如違犯前項各款，監督人應報
請核辦，否則依法連坐。

四、本條第一款所規定之具保人，如家族
鄰右多已逃亡，無法覓保者，責成該
甲甲長及本保保長，本區區長三人連
帶擔保。

第五條　第三條投誠赤匪之住所尚在匪區時，招撫機
關應送交就近善後委員會，設法暫行救濟，
並監視之。俟該地收復即移送該管縣政府，
依照前條辦法辦理。其籍隸遠方，或因特別
情形不能回家者，由招撫機關填明招撫表，
（附表五）送交臨時收容所，依照左列辦法
分別辦理：

一、隸遠方者送交其原籍之省縣政府，依本
辦法第四條之規定辦理。

二、因特別情形不能回家者，轉送感化院
救濟。

臨時收容所如距離招撫機關過遠，或尚

未成立，或已經撤銷時，應送交後方最
高軍法處，依照前項規定辦理。

第六條　投誠赤匪係迷信惡化共產思想，或企圖獲得
優越地位之投機份子，曾任赤匪重要偽職，
因受良心上之感動，澈底覺悟，並能表現實
際剿共工作，有左列情形之一者，由招撫機
關取具投誠切結及剿共宣言後，按照左列辦
法處理之：

一、認為有暫留前方擔任剿共工作之必要，
　　並經呈奉核准者，應予以相當工作及生
　　活費，並隨時考察之。

二、其無留在前方之必要者，填明招撫表，
　　送交戰地投誠赤匪收容所，轉送感化
　　院，予以相當時間之考察。

前項所稱剿共實際工作如左：

一、擒獲匪首來獻者。

二、攜帶赤匪重要秘密文件來獻者。

三、攜帶多數槍械來獻者。

四、在匪區內曾做反匪工作著有成績者。

五、報告匪首匪窟所在並引導破獲者。

第七條　前條投誠赤匪不能表現剿共實際工作者，招
撫機關應訊明情節，酌予監禁或送感化院長
期感化。

第八條　前兩條受感化之投誠赤匪，於感化期滿後，
由感化院送交各該原籍縣政府，依第四條之
規定辦理。

第九條　投誠赤匪經該管縣政府核准回籍居住後，其生命財產應一律予以保護。

第十條　投誠赤匪如攜有完好之步槍一枝者獎洋二十元，攜有完好之機關槍一挺者獎洋二百元，攜有完好之大砲一尊者獎五百元。投機赤匪如槍殺其偽團長攜有首級證明屬實者獎洋二百元，偽師長獎洋五百元，偽軍長千元，偽軍團指揮五千元，朱毛二匪各二萬元，其槍殺各級政委者減半給獎，生致者亦同。

前項獎款均由各經手招撫機關先行墊發，報由各該長官轉報本行營請領。槍械應連同呈繳。

第十一條　凡投誠之赤匪在其停留尚未處置妥當期間，每日發給口糧一角三分，應由各部隊或縣政府先行墊發，報由各該長官轉向本行營查核給領。

第十二條　凡投誠赤匪不得收編為軍隊或團隊，並不得以之補充軍隊或團隊缺額，以防疏虞。但有特別情形必須收編者，應專案呈經本行營核准後，方可收編。

第十三條　凡辦理招撫赤匪投誠之公務人員，如有藉端敲詐或欺壓虐待情事，一經查明或被告發，即依法加重治罪。

第十四條　各招撫機關應於每月終填具月報表，報由各該長官轉報本行營查核。（月報表式如附表六）

第十五條　各招撫機關均有摘錄本辦法，及已經投誠人
　　　　　之姓名、待遇，廣事宣傳，儘量招撫赤匪投
　　　　　誠之責任。
　　　　　前項各軍政人員招撫赤匪投誠之責任，已
　　　　　否達到，應由各軍事長官隨時考察，並監
　　　　　督之。
第十六條　本辦法自本行營公布之日起施行，如有未盡
　　　　　事宜，隨時以命令修改之。

附表一
　　　　　　　　投誠自新切結式樣
為具切結事竊　前因誤被共匪脅從現已悔悟誠意來歸以
後倘有不法行為及言語願受嚴懲併合處罪除依法另覓保
人出具保結外特具切結呈請鑒核謹呈
　　　政府（或某部隊）
　　　附保結　紙

　　　　　　　　　　　具切結人　　　簽押
　　　　　　　　　　中華民國　年　月　日具

附表二

投誠人劃共宣言範式

〇〇〇劃共宣言

　　（第一段）本人投誠之理由

　　（第二段）本人在匪內工作之經過與所受之痛苦

　　（第三段）討伐赤匪之罪惡

　　（第四段）洩露赤匪之秘密

　　（第五段）喚醒尚未覺悟之赤匪

　　（第六段）口號

附表三　投誠自新保結式樣

為出具保結事茲有　　　　前因誤入匪黨現已澈底覺悟自動投誠保 人等情願具結連同保證並隨時監督其行動言語嗣後倘有不法行為 保人等即行報告核辦如有徇隱不報願受連坐嚴厲之處分所具保結 是實謹呈 　　　　政府（部隊）								
具結人 姓名	年齡	性別	縣	區	鄉鎮	保	職業	與投誠人 之關係	簽押
中華民國　　年　　月　　日　　具									

附表四

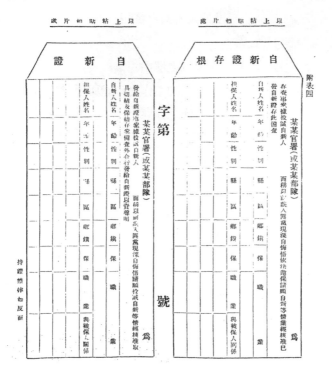

附表五

部隊（政府）　　月　日至　月　　日止招撫投誠赤匪處置意見表					
投誠人姓名					
性別					
年齡					
籍貫					
未入匪黨前職業■況					
回故加入匪黨					
在匪中工作					
何故投誠					
有無武器及匪方物品					
投誠後志願					
處置意見					
備考					

附表六

部隊（政府）　　月份招撫投誠赤匪月報表			
投誠人姓名			
性別			
年齡			
籍貫			
在匪方工作			
何故投誠			
向何處投誠			
攜來武器及匪方物品			
投誠後之志願			
處置			
備考			

剿匪區內處置俘虜赤匪暫行辦法

二十二年七月公布

第一條　凡在進剿時經我軍俘虜或捕獲之赤匪，悉依本辦法辦理。

第二條　俘獲赤匪須由各經手俘虜之部隊長官，按其俘虜時之情形，及其為匪時之工作，詳為審訊，填註俘虜表，依左列辦法，分別辦理（俘虜表式如附表）。

　　　　甲、有左列情形之一者，由師長、獨立旅長，或兼軍法官之縣長立即訊明，摘錄事實證據，電呈核准，執行槍決，再補送判決書與執行照片：

　　　　　　一、赤匪黨部文書以上及一部分主管工作人員。

　　　　　　二、匪軍各級政委。

　　　　　　三、赤匪宣傳機關之重要職員。

四、赤匪縣以上各級偽政府之重要職員。

五、赤匪各地方重要組織之領袖人員。

六、匪軍師長以上之人員。

七、匪軍連長以上之人員而確為匪黨黨員者。

八、赤匪之偵探間諜或在我軍後方任秘密工作者。

九、赤匪之軍事或政治學校之重要職員而確為匪黨黨員者。

十、其他罪惡昭著不可赦免者。

乙、有左列情形之一者，師長、獨立旅長，或縣長訊明後，填註俘虜通報表，（表式如附表）連同供詞，送戰地俘虜赤匪收容所，復依法判決，轉呈後方最高軍事長官，發交軍法處復判執行。其處理徒刑者依法分送監獄或反省院：

一、前項第一款外之偽黨部職員。

二、前項第二款外之匪軍偽政治處重要職員。

三、前項第四款外赤匪偽鄉政府以上之中堅份子。

四、前項第五款外赤匪各地方偽團體之中堅份子。

五、前項第六、第七兩款外匪軍中級以上之偽軍官或偽職員。

六、其他認為必須監禁或反省者。

丙、俘虜赤匪雖無本條甲、乙兩項之犯罪行為，但在匪區未安定以前認為尚不能遣散者，由師長、獨立旅長，或縣長訊明屬實後，填註俘虜通報表，連同供詞，送戰地俘虜赤匪收容所復訊決定感化期限，轉送感化院感化之。

丁、俘虜赤匪無本條甲、乙、丙三項之犯罪情形者，准予依照剿匪區內招撫投誠赤匪暫行辦法，提前處置，以示寬大，而免拖累。

戊、本條所規定之判決，除甲項外，得以堂諭代判，以免積壓。

第三條　凡規定送戰地俘虜赤匪收容所者，如俘虜地點距離過遠，或該所尚未成立，或該所已經撤銷者，應連同俘虜表及供詞，呈送方最高軍事長官，發交軍法處，依照本辦法辦理。

第四條　俘虜中如有國軍官兵前此被匪虜去者，按情節輕重與俘虜赤匪同等處置。

第五條　俘虜赤匪不得以之補充軍隊或團隊缺額及伕役，以防疏虞。

第六條　受傷或重病之俘虜赤匪，應交醫院妥為醫治。但務須與國軍傷病官兵隔離，並嚴密監視之。

前項已經醫愈之傷病俘虜，應由醫院妥送原俘虜機關，照本辦法辦理。

第七條　俘虜赤匪在其停留尚未處理妥當時間，每人

　　　　　　　每日發口糧洋一角三分，由各部隊或縣政府
　　　　　　　先行墊發，報由各該長官轉呈本行營查核歸
　　　　　　　墊，每月一次或二次。

第八條　　各部隊或縣政府處置俘虜及沿途押解之官
　　　　　　　兵，嚴禁有虐待情事。

第九條　　各隊部或縣政府辦理處置俘虜事件，應於每
　　　　　　　月填具月報表，呈報主管長官，轉報本行營
　　　　　　　查核。（表式如附表）

第十條　　本辦法自公布日施行，如有未盡事宜，隨時
　　　　　　　以命令修改之。

附表　　部隊處置俘虜月報通報表

俘虜姓名				附記
年齡				
籍貫				
未為匪以前之出身經歷				
在匪方工作經過概況				
被俘時地點				
被俘時情形				
俘獲部隊				
初訊人處置				
復訊人處置				
確定之處置				
備考				

各路軍臨時戰地投誠俘虜收容所條例

二十二年七月公布

第一條　　在大軍剿匪期間，為處置戰地投誠俘虜，便
　　　　　　　利起見，於各路軍設戰地投誠俘虜收容所，
　　　　　　　（以下簡稱各路軍收容所）依據本條例辦理。

第二條　各路軍收容由各總司令部設置之。

第三條　各路軍收容所位置以適於戰地收容所為原則，必要時按戰區範圍，分設二所，並應隨軍事之進展，向前推進。其各縱隊指揮部所在地亦得酌設轉送處。

第四條　各路軍收容所設主任一人，內分總務、審訊、遣送三處，其編制及預算另定之。

第五條　各路軍收容所收到前方送來投誠俘虜，應根據原來投誠及俘虜表，分別審訊，決定處置。凡尚須治罪或反省之俘虜，連同供詞表冊，送後方軍法處審判；尚須感化者裁定感化期限，連同供詞名冊，送感化院收容；應予分遣者，連同供詞名冊，立即送交各省縣政府，按照招撫投誠赤匪暫行辦法辦理。

第六條　各路軍收容所對於遣送之辦法於下：

　　　　一、投誠俘虜依法應遣回原籍者，以送交該省政府轉該原籍縣政府，按照投誠辦法第四條之規定辦理為原則。但籍隸收容所所在地之省份者，應逕送其縣政府依法辦理，以免周折。

　　　　二、分遣時應填發遣送證明書，限注道路日期，沿途經過國有鐵路輪船汽車一律免費。

　　　　三、解送投誠俘虜交到該原籍省縣政府，應取得印收彙報，以免流弊。（遣送證明書式樣附後）

第七條　各路軍收容所對投誠俘虜口糧，每日每人按
一角三分發給，對於遣送者無論輪船火車步
行，每人連口糧旅費，共照四角算發。

第八條　各路軍收容所應將投誠俘虜處置情形，按照
投誠俘虜表式，增加「給養時日發交何處」
二欄，每旬造冊呈報，對於分遣者另造分遣
旬報表。（表式附後）

第九條　各路軍收容所處置俘虜投誠，嚴禁有虐待尅
扣情事，如遇傷病應先送醫院診治後，再行
處置。

第十條　各路軍收容所之辦事細則另定之。

第十一條　本辦法自公布日施行，如有未盡事宜隨時以
命令修改之。

國民政府軍事委員長南昌行營遣送投誠俘虜證明書

　　茲有　　　由　省　　縣剿匪區內投誠俘虜已經
訊明准予回籍按照招撫投誠赤匪暫行辦法請求自新於
　月　日起程經過回　　省　縣原籍限於　月　日以
前到達即請求自新另謀職業並限於　年　月之內不離原
籍特給此證

　　持證人　姓名
　　　　　　年齡
　　　　　　身材面貌
　　　　　　左拇指印

各路軍戰地投誠俘虜收容所　月　日　起　月　日　止

分遣旬報表

遣送人姓名					附記
年齡					
籍貫					
到處日期					
遣送起程日期					
擬送交何政府轉送					
中途所需日期					
共發遣送費					
備考					

國民政府軍事委員會委員長南昌行營臨時感化院條例

二十二年七月公布

第一條　本行營為感化投誠與俘虜份子，於本行營所在地或相當地點，設臨時感化院，隸於第二廳，其經費由本行營支給之。

第二條　投誠或俘虜份子有左列情形之一者，入臨時感化院：

一、無家室，無職業恆產，又無法謀生者。

二、在收復匪區尚未安定以前，因特殊情形未能回家，或尚須限制其自由者。

三、曾任匪區重要工作尚須經過相當期間之考察者。

四、經裁定應受感化者。

第三條　感化院設院長一人，綜理全院事務，下設總務、訓育、工藝三股，其編制及預算另定之。

第四條　總務股主管文書、庶務、會計，及維持全院

一切秩序事宜。

第五條　訓育股主管實施感化教育，並擔任補助教育，及被感化人一切管理事宜。

第六條　感化教育之方針在就被感化人惡化思想之程度，用個別談話的方式，指導其自動的研究三民主義，以破除其思想上之迷惑。再使其以研究之所得，用講演及寫作的方式表現之，而加以適當之批評。但程度幼稚或識字力低下者，得用三民主義問答分別講授之。

第七條　感化院得設單簡之圖書室，但其陳列之圖書應詳細審查，以不違背三民主義，且合於移轉惡俗而切於實用者為原則。

第八條　補助教育之方針在就被感化人國民教育及科學知識之程度，適當增進，使其出院後能本所薰陶，應用於社會，或能考入相當之學校，對於不識字者，尤應屬行識字教育。

第九條　訓育股為便於感化及管理起見，分為兩部。第一部以投誠份子編入之，第二部以俘虜份子編入之。如各部人數過多時，每五十人編為一班，再以每十人編為一組，其組長就被感化人中選充之。

第十條　工藝股主管被感化人之技能教育，工廠管理，及採辦工業材料，銷售出品一切事宜。

第十一條　工藝股按照被感化人之程度授以相當手工技藝，並按地方情形，附設相當手工廠。

第十二條　感化院得設工藝售品所，其出品所得利益，

以半數充出品人獎金，以半數儲蓄銀行，留
備該出品人出院後之用。

第十三條　被感化人每日發給口糧洋一角五分，除火食
外，月終結算分發之。

第十四條　被感化人之服裝被褥概由自備，但有特殊情
形時，由本行營發給或酌量補助。

第十五條　感化時期依左列之規定：

一、屬於本條例第二條第一款者，以學得相
當技能為止。

二、屬於本條例第二條第二款者以該處業已
安定為止。

三、屬於本條例第二條第三款者以考察其思
想言論行為，確能澈底覺悟時為止。

四、屬於本條例第二條第四款者，以裁定之
時期屆滿時為止，若其思想言論行為尚
未澈底覺悟，得延長至覺悟時為止。

第十六條　臨時感化院結束時，對於前條剩餘之被感化
人，依左列辦法處置之；

一、前條第一款之剩餘人移送相當工廠補習。

二、前條第二款第三款之剩餘人即日依法遣
散之。

三、前條第四款之剩餘人移送反省院，但行
狀善良者亦得遣散之。

第十七條　被感化人出院時應給以感化證並送交其原
籍之省縣政府按照招撫赤匪投誠暫行辦法
辦理。

第十八條　被感化人如在院內有再犯罪之思想言論或
　　　　　行動時，應送交本行營軍法處，依法併合
　　　　　論罪。

第十九條　感化院設衛兵若干名以資守衛，所有被感化
　　　　　人除本條例第二條第一款外，均嚴禁外出。

第二十條　被感化人已該出院時，得請求感化院就其能
　　　　　力為其介紹相當工作。

第廿一條　臨時感化院辦事及管理細則，暨各種教育計
　　　　　劃均另定之。

第廿二條　本條例自本行營公布日施行，如有未盡事
　　　　　宜，隨時修改之。

乙、散兵遊勇之收容

　　自共匪盤據江西國軍進剿以來，剿匪部隊嘗在數十
萬以上，因之落伍傷病兵夫，絡繹於途，流落城鄉，不
獨有礙觀瞻，且恐妨礙社會治安，本行營爰規定收容沿
途落伍傷病兵夫辦法，頒佈施行，並於新淦、永豐、撫
州、南城等警備司令部附設收容所，負責收容，復於南
昌設立臨時散兵游勇收容習藝所，所有各縣政府及各軍
警機關收容之散兵游勇均送交該所，該所收到各方送來
散兵游勇，即分別審問，如係各部隊脫逃者，則通知其
駐南昌辦事處領回究辦，其餘能習藝者，則留所習藝，
不堪造就者，則給資遣散回籍，所有藝成藝工均發給藝
成證明書，並給補助費，令其回籍以作營業資金，復通
令各省政府轉飭各縣政府於該縣藝工回籍時，酌予介紹
工作，茲將該所習藝科目，營業概況，及自去年九月成

立以來，各月收容遣置人數列表於後：

甲、習藝部計分：1石印、2洋燭、3縫紉、4食品、5
　　木工、6毛巾、7線襪、8草鞋、9籐器、10理髮，
　　共十組。

　　現因擴充習藝工額，擬增加鉛印、油漆、白鐵、皮
　　革、文具、織布等組，工人增至千名，以廣造就，
　　刻正在籌辦機械，籌建廠屋中。

乙、營業概況：資金約一萬元，至本月九月份止，共盈
　　餘一千二百餘元。

丙、收容及遣置人數：

二十二年	收容人數	遣散人數
九月	217	
十月	557	307
十一月	2,145	1,504
十二月	1,854	2,140
二十三年	收容人數	遣散人數
一月	1,099	1,121
二月	1,249	1,196
三月	1,059	1,100
四月	1,133	1,188
五月	1,198	1,207
六月	1,439	1,300
七月	1,204	1,460
八月	1,077	1,005
九月	1,641	1,559
共計	15,872	15,087

丙、各省殘廢軍民工廠之籌設

　　本行營前因各處作戰受傷，或因公致疾而成殘廢之
官兵，散居前方，無人過問，致予匪共以宣傳之口實，
特電飭軍政部負責整頓，該部奉電後，擬訂各省殘廢軍
民工廠簡章編制預算，並於本年四月二日召集關係各機

關代表開會討論，議決於二十三年度內就贛、湘、鄂、
豫、皖、陝六省，各設一廠，每廠成立之時，由中央一
次補助開辦費及基金五萬元，其經臨各費，則由各省自
行籌措，由該部咨請各該省政府查照辦理，本行營刻正
督飭進行，並於江西先行籌設一規模較大之殘廢軍民工
廠，以資提倡。

第十四　關於匪方黨政實況之蒐討事項

甲、赤匪政治之研究

我國曩主閉關主義，人民耕食鑿飲，安居樂業，婚喪以外無重費，衣食以外無他求，故思想純潔，治理甚易，自歐風東漸，受世界經濟恐慌潮流之激盪，農村瀕於破產，人民生計日蹙，社會頓呈不安狀態，赤匪遂利用時機，宣傳赤化，以缺乏教育之民眾，頓受麻醉之誘惑，宜其易入歧途，不計利害也，雖其中不乏脅從，亦婉轉呻吟於赤匪鐵蹄之下，敢怒而不敢言，縱橫猖獗，蹂躪數省，尤復毀棄廉恥，滅絕倫常，舉數千年賴以維持社會秩序之禮教，亦粉碎殆盡，為害之烈，實甚於洪水猛獸，中正督師進剿，幾歷寒暑，雖失地漸次收復，而餘孽未盡剷除，且久經匪佔區域，人民思想惡化已深，為一勞久逸永絕根株計，自宜將匪方政治設施，尤其對於民眾之嚴密組織，搜集研究，編纂成帙，俾各從事剿匪之高級軍政人員，人手一編，洞悉匪情，得隨時擬具對案，破匪陰謀，使一般被脅民眾，覺悟來歸，爰搜集匪方一切有關政治文件，陸續編印，定名為赤匪文件彙編，截至現時止，已出版者，有十種，即：

（一）農村土地問題，

（二）經濟政策財政稅則等，

（三）少共國際的文件，

（四）匪黨和團的工作方法，

（五）偽政府各項法規，

（六）匪黨勞動運動之理論與實際，

（七）匪黨之政治主張與決議，

（八）匪黨軍隊政治工作文件，

（九）匪黨青年運動，

（十）匪黨軍事運動等是也。

均經先後分發各高級軍政人員，密存參考，此外尚有匪方教育文化工作一種，現正付印，出版後擬即列為第十一種，仍照向例分發，其餘各種搜得材料，仍當繼續研究，編輯付印，庶幾我方從事剿匪工作者，得明瞭匪方政治情況，而熟籌對付方策，俾益清剿前途，實非淺鮮也。

第十五　關於文武官佐士兵懲獎事項

甲、文武官佐士兵之懲獎

查各剿匪部隊暨各縣團隊，暨經分負剿匪重任，非有嚴密之懲獎，以為驅策，決無以收齊一之效果。本行營有見及此，爰制定剿匪區內文武官佐士兵剿匪懲獎條例，於上年令布施行。除陸海空軍刑法，陸海空軍懲罰法，暨其他關於軍事懲獎章程規定者外，均依本條例執行。其用意即在使剿匪區內文武官佐負同等剿匪責任。各縣長在執行團隊兼職時，並視同武職，並將封鎖匪區，組織民眾，招撫投誠，撫綏難民，建築碉堡，修築公路，及清鄉善後諸要政，均歸入剿匪範圍，於條例中條分款列，明白規定，以為懲獎之標準。施行以來，各部隊及各團隊剿匪成績，進展極速，被匪縣區，得以次第收復。最近因促進肅清殘匪效率起見，復經規定，以各縣縣長，遇有匪警，應督率團隊，固守待援，萬一守禦力盡，則與城俱亡，如有隻身潛逃，致失陷城鎮，糜爛地方者，軍法具在，決不姑寬。等語；通飭遵照。並規定：剿匪殉難縣長，除呈請國民政府明令褒卹外，並准查照陸海空軍戰時撫卹暫行條例第二條第一款，陣亡，及第三條，一次卹金，死亡年撫金，比照上校，或少將階級，給予陣亡一次卹金，及遺族卹金。呈奉國民政府核准，並通令遵照。同時將本年江西、安徽、福建、浙江等省，失守縣城之縣長，分別槍決及提解行營訊辦。各在案。茲特調制縣長及團隊懲獎統計表，並附修正剿匪區內文武官佐士兵剿匪懲獎條例一件，刪電稿

一件，呈國民政府呈文稿一件，國民政府指令稿一件。

呈國民政府

謹擬具優卹剿匪殉城縣長辦法，呈請鑒核示遵由

竊中正自督剿匪區以來，為增進協剿效率起見，經制定剿匪區內文武官佐士兵剿匪懲獎條例，令佈施行。其中規定，應行槍決者，凡十一款。最近復因殘匪肅清在即，協剿工作，愈形緊張，又經規定：「剿區匪內各縣長，遇有匪警，即應督率團隊，固守待援，萬一守禦力盡，則與城共亡，不得隻身潛逃，倘陷失城鎮，糜爛地方，則軍法在，決不姑寬。」等語；通令遵照。並將本年江西、安徽、浙江、福建等省失陷縣城之縣長，分別槍決及提解行營訊辦各在案。惟是失陷縣城之縣長，既經予以重懲，則以身殉城之縣長，自應予以優卹，庶足以明賞罰而昭激勸。近據南昌行營第二廳案准福建省政府電陳羅源縣長徐震方，禦匪城陷，以身殉難，死事極慘，擬呈請優卹。等由；轉呈核示，前來，查前項懲獎條例，關於獎勵方面，僅有：升用、進級、獎章、記功、獎金、褒獎，六項，此外並無撫卹死事縣長專條。茲擬自本年份起，凡剿匪區內各縣長，因防禦力盡，城陷身殉者，由軍事委員會呈請鈞府明令褒卹；並根據前項懲獎條例第二條後項，「文職官佐兼有地方團隊職務者，在執行其職務時，應視同武職。」條文，准查照陸海空軍戰時撫卹暫行條例第二條第一款，陣亡，暨第三條一次卹金，死亡年撫卹金，比照卹金第一表上校階級，給予陣亡一次卹金一千元，遺族每年卹金五百元，

各規定辦理。其有合於此項撫卹條例第二十一條規定者，仍准照上校加一級議卹。至撫卹手續，擬規定由該管省政府詳填調查表，並出具證明書，連同請卹者家屬填送之調查表，一併呈由本行營咨轉軍事委員會轉呈鈞府核辦。關於請卹者之該管長官及家屬應填送之陸海空軍戰時死亡官佐調查表甲乙二種，其「隊號」一欄，擬改為「縣名」下註明某某縣；「階級」一欄，下註明「比照上校」或「比照少將」；「職務」一欄，下註明縣長及團隊兼職。陣亡證書「隊號」及「職別」兩欄，改注亦同。

　　所有擬具優卹剿匪殉城縣長各辦法，理合抄同剿匪區內文武官佐士兵剿匪懲獎條例，備文呈請鈞府鑒核，指令祇遵。

謹呈

國民政府

計抄呈剿匪區內文武官佐士兵剿匪懲獎條例一份

　　　　　　　　軍事委員會委員長蔣中正

國民政府指令第二〇九一號

令軍事委員會

呈為擬具優卹剿匪殉城縣長辦法請鑒核示遵由呈悉。所呈優卹剿匪殉城縣長辦法，暫准照辦。此令。

電

鎮江陳主席、杭州魯主席、安慶劉主席、南昌熊主席、武昌張主席、長沙何主席、開封劉主席、福州陳主席、

西安邵主席、蘭州朱主席：

　　密。查被匪各省，自■軍■■，大股■■，次第
■■，■■零星小股，間有四出■竄，各縣縣長往往以
防禦無方，致縣城失陷，各該縣長身負一縣重任，自應
矢報國赴義之忠忱，乃或則聞警先逃，或則臨難苟免，
求能與城共存亡者，稀如麟鳳，正氣消沈，大節泪沒，
以此臨民，民何以立，推原其故，皆由平時對於地方保
甲民眾之組織；未能遵照迭頒條規，切實辦理，故事前
既毫無准備，臨事遂不免倉皇，溺職害民，殊堪痛恨，
為此電達各該省政府，希即嚴飭各縣縣長，關於地方自
衛事項，務須遵照本行營自衛新知一書，暨各項條規，
嚴修守備，毋涉疏虞，倘偶遇匪警，即應督率團隊，固
守待援，萬一守禦力盡，則與城共亡，不得隻身潛逃，
免敗官箴，而伸正氣，自經此次申令以後，各縣縣長倘
有仍前沓泄，不知振作，以致陷失城鎮，糜爛地方，則
軍法具在，決不姑寬，各該省政府，尤應隨時教誡督
促，毋任諉飾，除皖省失守祁門、太湖等縣縣長，另電
劉主席負責提解行營懲處外，特電遵照，並將奉電日
期，呈報備查。

　　　　　　　　　　　　　　　中，刪行治寬印

剿匪區內文武官佐士兵剿匪懲獎條例

第一章　通則

　　第一條　國民政府軍事委員會委員長南昌行營（以下
　　　　　　簡稱本行營）為激勵文武官佐士兵，共同努
　　　　　　力，肅清匪患起見；凡剿匪區內，文武官佐

士兵之懲獎，除其他法令另有規定外，依本
條例行之。

第二條　本條例稱武職官佐士兵者，謂負有剿匪責任
之陸海空軍軍人及適用軍隊編制及經理等項
之地方團隊官兵。

凡文職官佐兼有前項地方團隊之職務者，在
執行其兼職時，應視同武職。

第三條　本條例稱文職官佐士兵者謂負有剿匪責任之
一切行政官吏員司，及非適用軍隊編制及經
理之地方團隊員丁。

第四條　同一行為而有二種以上懲罰者從重懲罰。

第五條　同一成績而有二種以上獎勵者合併獎勵。

第二章　懲獎之標準

第六條　懲罰分左列五種：

一、槍決；

二、監禁；

三、降級；

四、記過；

五、申誡。

第七條　獎勵分左列六種：

一、升用；

二、進級；

三、獎章；

四、記功；

五、獎金；

六、褒獎。

第八條　受槍決者當然褫職受監禁之懲罰者當然免職。

第九條　監禁分無期及有期。

　　　　前項有期監禁為二月以上二十年以下。

第十條　降級依其現任之官級，降一級或二級改敘，

　　　　自改敘之日起，非經一年不得敘進。

　　　　受降級懲罰而無級可降者，比照差額減其月

　　　　俸，其期間為一年。

第十一條　記過者自記過之日起，六個月內，不得進

　　　　級，六個月內，記過三次者降一級。

第十二條　申誡以書面或言辭為之。

第十三條　升用依其現任官職升職任用。

第十四條　進級依其現任之官級進一級或二級改敘。

第十五條　獎章分三等九級，除本條例別有規定外，給

　　　　予左列各職：

　　　　一、一等各級給予文職簡任武職將官；

　　　　二、二等各級給予文職薦任武職校官；

　　　　三、三等各級給予文職委任武職尉官。

　　　　　　各級獎章式樣暨獎章綬式樣另定之。

　　　　　　給與獎章並給執照其式樣另定之。

第十六條　記功分小功、功、大功三種，其累進法

　　　　如左：

　　　　一、積三小功為一功；

　　　　二、積三功為一大功；

　　　　三、積二大功進一級。

第十七條　獎金限一元以上十萬元以下。

第十八條　褒狀以書面或言辭為之。

第十九條　降級與進級，記過與記功，申誡與褒獎得互
　　　　　相抵銷。

第三章　懲獎之事項

第二十條　武職官佐士兵，有左列行為之一者，應予槍
　　　　　斃或監禁之懲罰：

　　　　　一、因畏縮或大意對於作戰命令所規定之任
　　　　　　　務，未能達到者，處七年以上之監禁，
　　　　　　　因而貽誤軍機者槍斃。

　　　　　二、因大意致使部下作無代價之犧牲者，
　　　　　　　處七年以上之監禁，如係出於故意者
　　　　　　　槍斃。

　　　　　三、不遵一定日期時刻，到達指定地點者，
　　　　　　　處七年以上之監禁，因而貽誤軍機者
　　　　　　　槍斃。

　　　　　四、未奉命令，擅自撤退，或擅自放棄城鎮
　　　　　　　者槍斃。

　　　　　五、對於地方請求剿匪，在情況許可時，藉
　　　　　　　詞推諉者，處七年以上之監禁，因而貽
　　　　　　　誤軍機者槍斃。

　　　　　六、濟匪糧械彈藥有據者槍斃。

　　　　　七、俘獲重要匪徒，致使脫逃者，處十年以
　　　　　　　下之監禁，因受賄釋放，或便利脫逃者
　　　　　　　槍斃。

　　　　　八、縱兵殃民逼使為匪者槍斃。

　　　　　九、掠取民物者槍斃，並按左列辦法連帶
　　　　　　　處分：

第一、由排長查覺者，處班長以三年以
下之監禁；

第二、由連長查覺者，處排長一年以下
之監禁；

第三、由營長查覺者，處連長排長以一
年以下之監禁或降級；

第四、由團長查覺者，處營長連長降級
或記過之懲罰；

第五、由旅長查覺者，處團長營長以記
過或申誡之懲罰；

第六、由師長以上長官查覺者，處師長
旅長以記過或申誡之懲罰。

十、強拉民伕者槍斃，指使或強迫他人為強
拉之行為者同。

十一、強迫地方招待，或藉勢勒索，受賄賂在
五十元以上，未滿五百元者，處五年以
下之監禁；五百元以上，未滿一千元
者，處十年以下之監禁；千元以上者，
處十年以上或無期監禁；三千元以上者
槍斃，所得贓款不能追繳時，得查封其
財產抵債。

十二、強取地方團隊槍械，或朦蔽邀功者，處
七年以上至十五年以下之監禁。

十三、封鎖匪區不嚴者，處七年以下之監禁，
因他項企圖，故意放棄封鎖責任者，處
十年以下之監禁。

十四、對於作戰或意外變故所受損失，隱匿
　　　不報，或報告不實者，處七年以上之
　　　監禁。
　　　應受前項各款之懲罰，本人逃遁未獲
　　　者，其家屬應負交人之責。
第廿一條　武職官佐士兵，有左列行為之一者，應予監
　　　禁，降級記過，或申誡之處罰。
　　一、搜獲赤匪軍用品，隱匿不報，或報告
　　　　數目多寡不實者，處三年以下之監禁
　　　　或降級。
　　二、報告不實，張大匪情，或妄報肅清者，
　　　　處五年以下之監禁或降級。
　　三、祇圖佔領土地，放棄追擊機會，任匪遠
　　　　颺者，處降級或記過之懲罰。
　　四、漠視招撫投誠工作，或漠視撫綏難民工
　　　　作者，處降級或記過之懲罰。
　　五、搜檢投誠人或俘虜之財物者，處三年以
　　　　下之監禁。
　　六、強佔民房者，處一年以上，七年以下之
　　　　監禁。
　　七、意圖規避，藉詞辭職，或告假者，處降
　　　　級或記過之懲罰。
　　八、服務不力者，處記過或申誡之懲罰，
　　　　因而貽誤要公者，處三年以下之監禁
　　　　或降級。
　　九、下級官佐士兵應受懲獎，該管長官隱

匪不報或報告不實者，處記過或申誡
之懲罰。

第廿二條　武職官佐士兵，有左列成績之一者，應予升
用、進級、獎章、記功，或褒獎之獎勵。

一、以劣勢兵力擊破優勢匪軍，或被優勢匪
軍包圍卒能固守待援者。

二、抱犧牲精神，竭力苦戰，使我軍或友軍
不利之形勢，而轉有利者。

三、深入匪區，出奇制勝，戰績卓著者。

四、友軍被圍，分兵援助，賴以解圍者。

五、遵限肅清股匪，或認真剿匪，成績卓
著者。

六、窮追潰匪，得收殲滅之效者。

七、俘獲著匪，或經擊斃證明得實者。

八、奪獲匪之多數械彈者。

九、能設法招撫匪區難民，並實行組織，使
匪勢瓦解者。

十、能設法招撫匪中重要份子，使匪勢瓦
解者。

十一、在剿匪期間，恪遵命令，勤勞卓著者。
應受前項各款之獎勵，如本人亡故者，
應按照獎勵情形，特別優卹其遺族。

第廿三條　文職官佐士兵，有左列行為之一者，應予槍
決或監禁之懲罰。

一、聞警逃遁，或藉詞先遁者，處三年以
上，七年以下之監禁，因而失去城池，

　　或使民眾受重大之損失者槍斃。

二、轄境內本無匪患，因防禦無方，使匪忽
　　然侵入，或暴發者，處七以下之監禁。

三、轄境內發現匪情，剿辦不力者，處七年
　　以下之監禁。

四、對於鄰境請求協助，在狀況許可時，藉
　　口推諉，不予協助，或協助不力者，處
　　五年以下監禁，因而貽誤重大者，處七
　　年以上，至十五年之監禁。

五、縱匪逃脫，或疏脫著匪者，處三以年
　　以上，至十五年之監禁，因受賄釋放
　　者槍斃。

六、對於封鎖匪區辦法，奉行不力者，處七
　　年以下之監禁，因有他項企圖，故意放
　　棄封鎖責任者槍斃。

七、苛政虐民，逼而從匪者，處七年以上，
　　至十五年之監禁。

八、侵吞公款，或藉故勒索，受賄賂在五十
　　元以上，未滿五百元者，處五年以下之
　　監禁；五百元以上，未滿一千元者，處
　　十年以下之監禁；千元以上者，處十年
　　以上或無期監禁；三千元以上者槍。所
　　得贓款不能追繳時，得查封其財產抵
　　償，如有介紹人或保證人者，並得責令
　　代賠。

九、藉端私擅籌款者，處一年以下之監禁，

因而從中漁利者，照前款規定論罪。

應受前項各款之懲罰，本人逃遁未獲者，其家屬應負交人之責。

第廿四條　文職官佐士兵有左列行為之一者，應予監禁、降級、記過，或申誡之處罰。

一、對於地方團隊之組織不力，藉口無力剿匪者，處三年以下之監禁，或降級之懲罰。

二、未奉命令遠離任所，施行遙制，或已奉命不在短少時日內設法達到任所者，處三年以下之監禁或降級之懲罰。

三、聞警先將眷屬或其他私物遷移其他安全區域，因而妨害秩序者，處三年以下之監禁，或降級之懲罰。

四、意圖規避匪患，藉口辭職或告假者，處降級或記過之懲罰。

五、對於匪情報告不實，或隱匿不報者，處一年以下之監禁，或降級之懲罰。

六、漠視招撫土匪，或漠視難民之救濟者，處降級或記過之懲罰。

七、因畏避權勢，不恤民難，或違法亂政者，處一年以下之監禁，或降級之懲罰。

八、搜獲赤匪軍用品，隱匿不報，或報告不實者，處降級或記過之懲罰。

九、服務不力者，處記過或申誡之懲罰，因

　　　　　　而貽誤要公者，處三年以下之監禁，或
　　　　　　降級之懲罰。

　　十、下級官佐士兵應受懲獎，而該長官隱匿
　　　　不報，或報告不實者，處記過或申誡之
　　　　懲罰。

第廿五條　文職官佐士兵，有左例成績之一者，應予升
　　　　　用、進級、獎章、記功，或褒獎之獎勵。

　　一、被優勢匪軍包圍，而能督率團隊，固守
　　　　待援者。

　　二、以劣勢團隊，擊破優勢匪軍，或擊破
　　　　重要匪巢，或一次俘獲匪械在五十枝
　　　　以上者。

　　三、轄境內原有之大股赤匪，能設法剿滅者。

　　四、俘獲著匪，或經擊斃證明得實者。

　　五、鄰境係屬匪區，防堵得力，不使竄入，
　　　　繼續至六個月以上者。

　　六、破獲赤匪之重要機關，並搜有證據者。

　　七、能設法招撫匪中重要份子者。

　　八、能於最短期間，嚴密民眾組織，使能禦
　　　　匪，及確實封鎖匪區者，或能隨軍進
　　　　展，接收復地，安撫流亡，組織民眾，
　　　　使零匪絕跡者。

　　九、能協同軍事進展，構築碉堡，修築道
　　　　路，以協助軍事之進行，顯著成績者。

　　十、對於轄境內之民眾盡力撫綏，並確實完
　　　　成保甲，普及國民教育，使形成有組織

之政治軍事化者。

應受前項各款之獎勵，如本人亡故者，應按照獎勵情形，特別優卹其遺族。

第廿六條　文武官佐士兵，生擒匪首，或斬匪首官級來獻者，依左列各款獎勵：

一、朱毛兩匪首生擒者，各獎十萬元，獻首級者各獎八萬元。

二、方志敏、邵式平、羅炳輝、賀龍、林彪、董振堂、彭德懷、蕭勁先、蔡會文各匪首，生擒者，各獎八萬元，獻首級者各獎六萬元。

三、唐在剛、陳毅、徐向前、張燾、葉金波各匪首，生擒者各獎五萬元，獻首級者各獎金三萬。

四、沈澤民、吳煥先、廖永坤、李天柱暨偽中央委員、偽各軍團政委、偽軍長及一、三、五軍團之偽師長等各匪首，生擒者各獎三萬元，獻首級者各獎二萬元。

五、偽省委、偽省蘇委，或偽一、三、五軍團以外之各偽師長、師政委、偽旅長、旅政委各匪首，生擒者各獎二千元，獻首級者各獎一千元。

六、偽縣委、蘇委，或偽團營長、團政委各匪首，生擒者各獎五百元，獻首級者各獎三百元。

七、偽區委、區蘇委，或偽連長、連政委各

匪首，生擒者各獎二百元，獻首級者各
獎一百元。

第廿七條　文武官佐士兵，奪獲搜獲，或誘獲匪之軍用
品者，依左列各款，應予獎章、獎金、記功
之獎勵：

一、彈殼二百粒，獎金一元。（得自我軍者
　　亦同）

二、步槍馬槍，或手槍一支，或各種槍彈百
　　顆，或手溜彈五十顆，或迫擊砲彈十
　　顆，騾馬一頭，獎金五元，或記小功一
　　次。（土槍不在此內）

三、盒子槍一支，或野、山砲彈十顆，獎金
　　十元，或記小功一次。

四、手提機關槍一支，獎金二十元，或記功
　　一次。

五、輕機關槍一支，獎金三十元，或記功
　　一次。

六、迫擊砲一門，獎金五十元，或給予三等
　　三級獎章。

七、重機關槍一支，獎金一百元，或給予三
　　等二級獎章。

八、野山砲一門，獎金二百元，或給予三等
　　一級獎章。

九、無線電器材，電話器材，及其他軍事用
　　之重要物品，均按其價值比照本條一至
　　八款之規定給予獎勵。

十、每班得本條之獎二十元以上者，班長及
　　全班士兵，均記功一次，每連得本條之
　　獎，百元以上者，連排長記功一次，並
　　各依數遞加之。

十一、每營得本條之獎，百元以上者，營長營
　　　附各記功一次，並依數遞加之。
　　　前項軍用品，如屬廢物時，不得給獎，
　　　但經特許者，不在此例：如非廠造或槍
　　　支缺槍機，砲缺砲閂者，均減半給獎；
　　　如屬誘獲，而其經過特別困難者，得增
　　　一倍給獎，頒獎時，均須連同呈繳。

十二、每團得本條之獎，二千元以上者，團長
　　　團附各記功一次，並依數遞加之。

十三、每旅得本條之獎，五千元以上者，旅長
　　　副旅長各記功一次，並依數遞加之。

十四、每師得本條之獎，二萬元以上者，師長
　　　副師長各記功一次，並依數遞加之。

十五、各級主官記功者，其所屬之幕僚，如在
　　　事出力者，亦得由該主管官呈請記功。
　　　前項軍用品，如屬廢物時，不得給獎；
　　　但經特許者不在此限，如非廠造，或槍
　　　支缺槍機，砲缺砲閂者，均減半給獎，
　　　如屬誘獲，而其經過特別困難者，得增
　　　一倍給獎，頒獎時均須連同呈繳。

第四章　縱橫連坐法
第廿八條　武職官佐士兵，在作戰時，未奉命令擅自退

卻者，按左列各款治罪：

一、未奉命而退者槍斃其部隊長。

二、師長不退，如所屬官兵退，以至師長陣亡，則槍斃其所屬旅長；旅長不退，如所屬官兵退，以至旅長陣亡，則槍斃所屬團長；團長不退，如所屬官兵退，以至團長陣亡，則槍斃所屬營長；營長不退；如所屬官兵退，以至營長陣亡，則槍斃所屬連長；連長不退，如所屬官兵退，以至連長陣亡，則槍斃所屬排長；排長不退，如所屬官兵退，以至排長陣亡，則槍斃所屬班長；班長不退，而班內兵士退，以至班長陣亡，則槍斃所屬後退士兵。

三、全師官兵未退，而師長退，則槍斃師長，全旅官兵未退，而旅長退，則槍斃旅長；全團官兵未退，而團長退，則槍斃團長；全營官兵未退，而營長退，則槍斃營長；全連官兵未退，而連長退，則槍斃連長，全排官兵未退，而排長退，則槍斃排長，全班士兵未退，而班長退，則槍斃班長。

　　前項第二、第三兩款之規定，凡本條例所稱之武職官佐士兵均準此辦理。

第廿九條　武職官佐士兵，對於友軍或友隊不相援應者，按左列各款治罪：

一、奉命應援，遷延時刻，因而使受援部隊
　　挫敗者，槍斃其援軍部隊長。

二、同一戰地，一部戰鬥激烈，無法自救，
　　其鄰近部隊於狀況許可之範圍內，若不
　　自動援應，或援應不力，因而使受援部
　　隊挫敗者，槍斃其鄰近部隊長。

第五章　懲獎之程序

第三十條　剿匪區內高級文武官職，應受懲獎者，由剿
　　　　匪最高機關考核行之。

第三一條　剿匪區內，高級以下之文武官佐士兵，應受
　　　　懲獎者，由各該管長官開具事實，遞呈剿匪
　　　　最高機關核准行之。

第三二條　前條文武官佐士兵，應受懲罰，而該管長官
　　　　未經呈報，由剿匪最高機關查明者，依本條
　　　　例考核行之。

第三三條　依本條例已受懲獎者應分別呈報或通知主管
　　　　機關備案。

第三四條　文武官佐士兵，除依本條例懲罰外，應受普
　　　　通刑事處分，或陸海空軍刑法處分者，仍應
　　　　分別送由該管司法機關，或軍法機關處斷。

第三五條　凡在普通司法機關，已為不起訴處分，及免
　　　　訴或無罪之宣告者，仍得依本條例懲罰。

第六章　懲獎之執行

第三六條　槍決由該管長官執行，但應受懲罰之官佐士
　　　　兵，已呈解高級機關羈押者，由高級機關
　　　　執行。

第三七條　監禁於軍人監獄執行，但無軍人監獄之地方
　　　　　得寄押於普通監獄。

第三八條　降級、記過，或申誡之懲罰決定後，由該管
　　　　　長官執行。

第三九條　升用由剿匪最高機關為之，但下級文武官佐
　　　　　士兵，由該管長官呈請核定。

第四十條　進級記功獎金或褒獎之獎勵決定後，由該管
　　　　　長官執行。

第四一條　獎章由該管長官呈請剿匪最高機關，轉呈本
　　　　　行營給予。

獎章之佩帶註銷補給暨處分事項，均依陸海空軍獎章給
　　　　　予法第九條、第十條、第十二條至第十五條
　　　　　之規定辦理。

第七章　附則

第四二條　凡與本條例不相抵觸之懲罰法令，仍准適
　　　　　用之。

第四三條　應受懲罰之行為，在裁判期間，尚未確定
　　　　　者，依本條例懲罰之。

第四四條　本條例自公佈日施行。

乙、剿匪區內縣長及團隊懲獎統計表

自廿二年十月至廿三年九月

江西省（獎）

縣別	職別姓名	事由	獎	年月	備考
新喻	特務隊長劉元高	擊破匪巢後方	記大功一次	22/11	
遂川	縣長兼團長蘇莊	剿匪努力	記功一次	22/11	

縣別	職別姓名	事由	獎	年月	備考
萍鄉	保衛團第十隊隊長黎惠齋 保衛團分隊長吳天德	剿匪得力	獎三等二級獎章	22/11	
鄱陽	保衛團副團長孫健	擊潰股匪	記功一次	22/12	
銅鼓	第二區長王健 第二區保長王松	擒獲要匪	共獎洋五百元	22/12	
修水	第六、七、八區■大隊附盧暄	剿匪勝利	記功一次	22/12	
蓮花	縣保衛團副團長陳銳	殲滅股匪	獎三等三級獎章	22/12	
蓮花	縣保衛團上尉隊長王■■ 縣保衛團上尉隊長顏羣力 縣保衛團班長金國虎 縣保衛團班長張國■ 縣保衛團班長張誠通 縣保衛團班長李光明 縣保衛團班長劉順生 縣保衛團中士易助國	殲滅股匪	記大功一次	22/12	
蓮花	縣保衛團下士班長李友標 縣保衛團下士班長蔣國忠 縣保衛團一等兵馮樂壽 縣保衛團一等兵朱兵生	殲滅股匪	進一級	22/12	
新喻	縣長彭克勤	剿匪努力	進一級改敘	22/12	
萬安	縣保衛團副團長郭明達 縣保衛團隊長謝雲■ 縣保衛團隊長翁遠耀	剿匪努力	記大功一次	22/12	

縣別	職別姓名	事由	獎	年月	備考
萬安	縣保衛團隊長熊連三	殲匪甚多並奪匪槍八枝	進一級	22/12	
新喻	特務隊長劉元高	擊破匪巢救出肉票	記大功一次	22/12	
弋陽	第一區區長江士學	游擊得力	獎金二百元	23/01	
資溪	縣長王震	有勇知方	進級改敘	23/01	
上饒	縣保衛團隊長李建新　縣保衛團分隊長盛惟貴	襲擊匪巢斃獲甚多	記大功一次	23/02	
資溪	縣便衣隊丁傅香階等	捕獲匪首李森貤	獎金五百元	23/02	
南豐	義勇隊直屬第一聯隊長李光遠	剿匪努力	記大功一次	23/02	
宜黃	縣長郭文	協剿努力	進一級敘獎	23/03	
宜黃	保安第四團第十中隊長魯宿光	擊斃匪眾繳獲匪槍	三等三級國花獎章	23/03	
餘江	縣保衛團副團長	先後捕獲匪首	記大功一次並獎金二百元	23/03	密探及投誠分子均由縣長分別酌給
餘江	縣保衛團中隊長鍾延洪	先後捕獲匪首	記功一次	23/03	
南城	縣保衛團團丁袁正卿	繳獲赤匪槍彈	獎金五元	23/03	繳獲槍彈留該縣備用獎金由縣團項下支領
南城	縣保衛團副團長袁智　縣保衛團兼隊長張維邦	激勸匪兵攜械投誠	記功一次	23/04	攜帶投誠匪槍十三隻歸地方團隊留用獎金由處縣團款項下支領
南城	縣保衛團第二隊隊長	協同搜剿	記小功一次	23/04	
南豐	縣長劉千俊	督率有方	褒獎	23/04	
永豐	保長戴龍光	查獲匪藏廢壞械彈	傳令嘉獎	23/04	
廣豐	江廣浦三縣聯防第一隊隊附蘇德煥	生擒偽縣蘇委	獎金五百元	23/04	
廣豐	保衛第一師直屬保衛團	繳獲匪槍十二枝	獎金十六元	23/04	槍枝留部備用獎金由該團團款項下支給

縣別	職別姓名	事由	獎	年月	備考
籐田政治局	第二區董區員	協剿得力	記功一次	23/04	
弋陽	縣長張揄元	督率團隊襲擊匪巢迭擒匪首	晉一級改敘	23/04	
樂安	第四區剿共義勇隊聯隊長朱永祥 第四區剿共義勇隊聯隊長陳次良	以劣勢團隊擊破優勢匪軍	記大功一次	23/04	繳獲槍彈留隊應用獎金由該縣團款項下支給
樂安	第四區剿共義勇隊聯隊附朱育黎 第四區剿共義勇隊隊長黃立中 第四區剿共義勇隊班長游英祥 第四區剿共義勇隊班長袁桂祥 第四區剿共義勇隊班長楊春香 第四區剿共義勇隊班長曾春香	以劣勢團隊擊破優勢匪軍	記功一次	23/04	
樂安	縣長張鄰甫	督率團隊有方	傳令褒獎	23/04	
安福	縣保衛團隊長李禧生	擊潰股匪奪獲匪槍	記功一次	23/04	
安福	縣保團第四隊官兵	擊潰股匪奪獲匪槍	獎金三十元	23/04	搶獲槍枝留縣備用獎金由該縣團款項下支給
	保衛第一師直屬團	奪獲步槍二十枝駁殼二枝子彈一百餘發	獎金三五元	23/05	械彈留團備用獎金由江西省政府給領
永豐	縣團隊	■獲偽縣委周士才	獎金五百元	23/05	
萬年	第二區區長夏時行	擒斬要匪奪獲槍枝	記功二次	23/05	
萬年	第六區區長周德中	擊斃偽區委奪獲槍枝	記功二次	23/05	
慈化	特區第三區義勇第四分隊	生擒偽區主席潘德茂	獎金二百元	23/05	

縣別	職別姓名	事由	獎	年月	備考
慈化	政治局	擒獲要匪黃星桂	獎金三百一十元	23/05	內獲槍獎金十元
籐田	第三區剷共義勇隊隊長彭仁	剿匪得力	記功一次	23/05	槍枝留隊應用獎金由該特區團款下支給
	保安第四團第七中隊長湯思賢	剿匪勝利	記功一次	23/05	獲槍由地方團款項下支給
	保安第四團第七中隊附劉烈	剿匪勝利	記功一次	23/05	
吉水	第五區崆峒義勇聯隊長周厚載	剿匪得力	記功一次	23/05	
廣豐	十五都義勇隊長楊喜銀 十七都義勇隊長祝於順	攻破匪巢	記功一次	23/05	獲槍留用獎金由該縣團款項下支給
萬安	縣保衛團副團長郭明達	防剿迭獲勝利	獎二等二級國花獎章	23/05	
永豐	保長王任方	忠實機警	傳令嘉獎	23/06	
慈化	政治局長白烜	辦理招撫隊力	記功一次	23/06	
樂平	縣長酆景福	建築碉路成績優著	進一級改敘	23/06	
萬安	縣長兼保衛團長徐步行 縣保衛團副團長郭明達	剿匪勝利	記大功一次	23/06	
萬安	縣保衛團隊長熊連山 縣保衛團隊長翁遠耀	剿匪勝利	記功一次	23/06	
	保衛第二師直屬團	生擒偽營長江盛祥	獎金五百元	23/06	
上饒	縣保衛團分隊長徐興有	戰績卓著	記功一次	23/06	
	省政府特務處	捕獲偽縣委柳水生	獎金五百元	23/07	
	省政府特務處	捕獲偽區委許焯齋江松林	各獎金二百元	23/07	
	省政府特務處	搜獲手槍一枝	獎金五元	23/07	

縣別	職別姓名	事由	獎	年月	備考
	省政府特務處主任郭春生 省政府特務處股長徐文治 省政府特務處組長宋功堅 省政府特務處組長張榮生	破獲赤匪之重要機關並搜有證據	記大功一次	23/07	
	省政府特務處處員劉惠卿 省政府特務處處員張學斌 省政府特務處處員蕭劍露 省政府特務處處員魏光耀 省政府特務處處員馬震寰 省政府特務處處員熊傑 省政府特務處處員鄭瑛 省政府特務處處員孫煥杞 省政府特務處處員郭麗生 省政府特務處處員涂振吾 省政府特務處處員蕭仲值 省政府特務處處員胡廣智	破獲赤匪之重要機關並搜有證據	記功一次	23/07	
安福	八區剿共義勇隊長周明泰 八區剿共義勇隊附劉繼先	兩次剿匪得力	記功二次	23/07	
安福	八區剿共義勇隊	兩次剿匪出力繳獲匪槍共四十六枝	獎金二百卅元	23/07	
玉山	西鄉義勇隊長蘇文	擒斬偽縣委王振三	獎金三百元	23/07	
玉山	西鄉防務委員會	招撫要匪	傳令褒獎	23/07	獲搶留隊備用獎金由該縣團隊項下支給

縣別	職別姓名	事由	獎	年月	備考
餘江	第二保聯主任李中元	辦理自衛成績卓著	記功一次	23/07	
宜豐	縣長廖士元	招撫赤匪第七游擊隊長方振平率部攜槍投誠	記大功一次	23/07	
宜豐	縣保衛副團長熊樹蓉 縣保衛團偵探長王君存 巡官辦公處巡長王樹棠	招撫赤匪第七游擊隊長方振平率部攜槍投誠	記功一次	23/07	
吉水	第三區義勇隊長高懋修	搗毀偽鄉府捕獲要匪	記功一次	23/07	
吉水	特務警劉美堅 特務警胡坤山	搗毀偽鄉府捕獲要匪	傳令褒獎	23/07	
泰和	第八區第一聯隊長謝健 第八區第一聯隊小隊長李家祥 第八區第一聯隊小隊長蔣天祥	破獲偽政治保衛局	記功一次	23/07	繳獲雜色步槍二十二枝留用獎金由該縣團項下支給
泰和	吉屬七區指陽義勇隊丁四十名	破獲偽政治保衛局	傳令嘉獎	23/07	
萍鄉	第六區剷共義勇隊第三聯隊第一分隊長■潤蒲	拿獲著匪黎定炎	記功一次	23/07	
萬安	縣保衛團中隊長熊連山	襲擊獲勝	記大功一次	23/08	
萬安	縣保衛團隊員兵	襲擊獲勝	傳令嘉獎	23/08	
	省府特務員周敦	迭獲要犯	傳令嘉獎	23/08	
浮梁	縣公安局長盧集文 縣保安隊班長陳長勝	捕獲土匪方叉石	傳令嘉獎	23/08	
吉水	第三區區長劉鶴翔 清鄉善後委員會常委周文雅	襲擊匪巢繳獲步槍十三枝	記大功一次	23/09	

縣別	職別姓名	事由	獎	年月	備考
吉水	清鄉善後會■事出力幹事	襲擊匪巢繳獲步槍十三枝	均予傳令嘉獎	23/09	
弋陽	杭溪堡剷共義勇隊長艾橫	生擒偽區蘇委舒金水	獎金二百元	23/09	
餘江	縣保衛團	捕獲偽區委李裕福	獎金二百元	23/09	
樂安	義勇隊班長王潤王	搗毀偽政府捉獲要匪	記小功一次	23/09	
銅鼓上高		擒獲偽省蘇執委羅鑫及偽省省委方樹東	各獎金二千元	23/09	

江西省（懲）

縣別	職別姓名	事由	懲	年月	備考
永修	縣長邱冠勛	玩忽封鎖要政擅自變賣火油食鹽	監禁四年	22/11	
進賢	縣長涂雨蒼	辦理保甲等要政不力	記過一次	23/02	
清江	縣長程鎮西	失陷縣城	槍決	23/03	
吉水	縣長謝壽如	縣保衛團第五隊隊長王鈞持叛變失察	記過一次	23/03	
浮梁	縣長黃宗漢	廢弛防務	降一級	23/03	
武寧	縣保衛團中隊長蕭人傑	剿匪損失	降級	23/07	
武寧	縣保衛團分隊長張猛	剿匪損失	監禁三個月	23/07	
餘江	縣長平戎	食鹽加價及賄絡著匪	記過一次	23/08	
戈陽	縣長張掄元	督飭無力縣屬雙港失陷	記過一次	23/08	
鉛山	縣長張若成	民眾組織鬆懈	記過一次	23/08	
萍鄉	縣長蕭淑兆	散匪竄擾縣境	予以申誡	23/09	
萍鄉	第二區區長童蒙旼	散匪竄擾縣境	予以申誡	23/09	

湖北省（獎）

縣別	職別姓名	事由	獎	年月	備考
大冶	第一清鄉團主任謝清	督剿兩月迭破匪巢並屢擒斬首要	獎二等二級國花獎章	23/04	
大冶	第一清鄉團委員周學藩	耐勞耐苦辦事敏捷	獎三等一級國花獎章	23/04	
大冶	第一清鄉團隊長左宏德	勇敢應戰冒險殺匪	獎三等二級國花獎章	23/04	
大冶	第一清鄉團委員張華原	勤慎供職	獎三等三級國花獎章	23/04	
大冶	第一清鄉團主任幹事陳營世	殺匪努力	獎三等三級國花獎章	23/04	
大冶	第一清鄉團出力員兵	迭破匪巢並屢擒斬首要	獎金一千七百元	23/04	
陽新	第三清鄉團	斬獲偽區委劉先中	獎金一百元	23/06	
陽新	縣保安第四中隊	擒獲匪犯袁生大	獎金二百元	23/06	
大冶	第一清鄉團	擒斬偽區委項強芝何申明胡其雲	獎金五百元	23/07	
大冶	第一清鄉團	斬獲偽縣委黃中時	獎金三百元	23/07	

安徽省（獎）

縣別	職別姓名	事由	獎	年月	備考
合肥	縣長兼保安總隊長郭平	殲滅股匪	獎二等二級國花獎章	23/08	豫鄂皖三省總部張副司令呈
合肥	保安總隊附劉執戈	殲滅股匪	獎二等三級國花獎章	23/08	豫鄂皖三省總部張副司令呈
阜陽	第十區區長潘潤琴	屢獲著匪	記大功一次並給獎金一千元	23/09	獎金按照各員勞績高下分別給予
阜陽	第十區偵探張勳德 第十區聯保主任張保嵩 第十區保長鄭建堂	擊斃偽旅長范八	記功一次	23/09	

福建省（獎）

縣別	職別姓名	事由	獎	年月	備考
光澤	義勇隊長封向善	拿解偽區蘇委陳良京	獎金二百元	23/09	

河南省（獎）

縣別	職別姓名	事由	獎	年月	備考
禮山	保安第一中隊長楊明章 保安第二中隊長顏際昌	剿匪頗著勞績	獎三等二級獎章	23/09	由三省總部張副司令呈請咨轉軍委會給領

南昌行營剿匪軍傷亡撫卹統計

撫卹調查處調製

年月	卹傷金	卹亡一次卹金	特卹金	其他醫藥埋葬等費	本月總計
22/09-23/01	1,055	18,500	47,500	7,977	75,032
23/02	1,935	3,150	12,600	100	17,785
23/03	2,005	9,540	17,300	4,160	33,005
23/04	7,455	15,680	10,900	1,270	35,305
23/05	3,025	18,710	16,800	3,180	41,715
23/06	9,520	22,070	8,200	80	39,870
23/07	19,670	42,050	5,300	976	67,996
23/08	41,485	27,610	17,900	1,000	87,995
23/09	18,105	32,060	8,050	2,127	60,342
23/10	27,635	36,260	6,100	420	70,415
合計	131,890	225,630	150,650	21,290	529,460

附記

一、本表係據本處自成立以來各月份撫卹月報表調製。

二、本表金額以每元為單位，所有角分概未登載。

三、本表其他費項內包括甚廣，除卹傷金、一次卹金、特卹外，所有撫卹各費均列其內。

四、本行營剿匪軍自上年九月至本年十月傷亡數目據
　　各部隊呈報有案者，計陣傷官佐一千二百八十一
　　員，陣傷士兵一萬三千五百六十名，陣亡官佐
　　五百六十二員，陣亡兵六千零九十名。

民國史料 24

南昌行營：
政治工作報告（二）

Generalissimo's Nanchang Field Headquarter:
Political Reports, Section II

編　　者　民國歷史文化學社編輯部
總 編 輯　陳新林、呂芳上
執行編輯　林弘毅
文字編輯　王永輝
排　　版　溫心忻、盤惠秦

出 版 者　開源書局出版有限公司
　　　　　香港金鐘夏慤道 18 號海富中心
　　　　　1 座 26 樓 06 室
　　　　　TEL：+852-35860995

　　　　　民國歷史文化學社有限公司
　　　　　10646 台北市大安區羅斯福路三段
　　　　　　　　37 號 7 樓之 1
　　　　　TEL：+886-2-2369-6912
　　　　　FAX：+886-2-2369-6990

銷 售 處　源流成文化 股份有限公司
　　　　　10646 台北市大安區羅斯福路三段
　　　　　　　　37 號 7 樓之 1
　　　　　TEL：+886-2-2369-6912
　　　　　FAX：+886-2-2369-6990

初版一刷　2020 年 5 月 31 日
定　　價　新台幣 330 元
　　　　　港　幣　85 元
　　　　　美　元　12 元
I S B N　978-988-8637-68-3